広岡浅子に学ぶ「九転十起」の経営

平野 琢
林 順一
古谷由紀子
荻野 博司
――編著

同友館

巻頭言

日本経営倫理学会（ＪＡＢＥＳ）は、１９９３（平成５）年４月にわが国で初めての経営倫理に関する専門的研究を行う学会として設立された。当時、バブル経済が崩壊した日本の企業社会では、大型不況の深刻化でリストラが増加したり、汚職問題が発生したりしたことにより「経営倫理」の必要性が強く叫ばれていた。１９９１年に、学会設立に先駆けて発足した産業界と大学等の研究機関の有志が集う「経営倫理を考える会」では、当時、すでに企業経営に経営倫理が必須条件となり、学会での経営倫理研究も進んでいた米国の状況を検討した結果、日本の企業社会に経営倫理を浸透させるためには産・学が協力して学術研究を行い、研究成果を発信するために学会を設立することが急務であるという考えに至ったのである。

ＪＡＢＥＳは、ＣＳＲ、サステナビリティ、コンプライアンス、コーポレートガバナンス、ＥＳＧ投資、ダイバーシティ、倫理思想、経営倫理教育、クライシスマネジメントなど、経営倫理に関連する幅広い分野の研究を行っている学会であるが、それぞれの分野に分かれて活発な研究部会活動が展開されている。本書は、ＪＡＢＥＳの11の研究部会（2つの地区研究部会を含む）のひとつである「ＣＳＲ研究部会」のメンバーによる著作である。

本研究部会では、これまで、渋沢栄一（２０１６）、二宮尊徳（２０１７）、石田梅岩（２０１９）、上杉鷹山（２０２０）という、日本の経営倫理の構築に大きな影響を与えたと考えられる歴史的人物を取り上げた書籍を出版してきた。本書はシリーズ5冊目となる。本シリーズは、日本において、偉業を達成した先人の活動を経営倫理の視点から研究し、欧米の経営倫理とは異なる、日本人が長年にわたって培ってきた倫理意識やその実践を明らかにして、現代におけるビジネスの在り方を見直そうという観点に基づいている。

そして今回、本書が取り上げる人物は「広岡浅子」である。連続テレビ小説「あさが来た」（ＮＨＫ）のヒロインのモデルにもなった人物であり、ご存じの方も多いであろう。広岡浅子は、１８６５（慶應元）年、17歳（数え年）の時、大阪の豪商であり「大同生命」の源流である「加島屋」の次男・広岡信五郎と結婚した。しかし、夫が商売に関心がなく、当主は若かったこともあり、浅子が当主に代わって事業を牽引することとなった。

ここで、浅子が活躍した明治という時代について少し触れたい。明治時代は日本の近代化や工業化が急速に進展した時代であり、第一次および第二次産業革命の出現が背景となった「企業勃興」の時代であった。家柄などに制限されず自分の能力で活躍ができる時代になり、型破りでたくましい企業家も数多く出現した。結果的に、工場労働者が増加したが、ストライキなどの労働争議が増加したり、公害の原点といわれる足尾銅山鉱毒事件が起きたりしたことから、しだいに企業は利益の獲得だけでなく社会的責任に配慮せざるを得なくなっていった。さらに、幕末から明治時代に移行する適者生存の厳しい環境の中で、多くの豪商が没落した（小林俊治（２００６）「明治時代の企業と社会」、弦間明・小林俊治監修、日本取締役協会編著『江戸に学ぶ企業倫理』生産性本部）。

このような急激な変化を伴う経営環境のなか、ビジネスの大半が諸藩との取引であった加島屋も財政が悪化したが、その危機を救ったのが浅子であった。当時、注目されていた炭鉱経営を開始し、その後は大同生命の設立にも尽力する。さらに、子供の時から学問に強い関心を持っていた浅子だったが、当時は「女に学問は不要」という考えが一般的であり、男兄弟が学んでいた学問を学ぶことができなかった。そのような体験から、日本初の女子大学である、日本女子大学校（現在の日本女子大学）設立への協力を打診された折には、浅子は発起人としての金銭的寄付のみにとどまらず、積極的に事業活動にも関わった。

このような偉大な実業家であり、教育という社会的事業にも大きな実績を残した広岡浅子であるが、浅子に関する学術的研究は、これまでそれほど多くはなされていない。その意味では、浅子の意思決定や行動を経営倫理の視点から分析し、また、それらに影響を及ぼしたと考えられる浅子の生い立ちや加島屋というビジネス主体についても考察している本書の試みには大きな意義があると考える。また、浅子に関連するテーマを独自の視点で掘り下げている本書の「コラム」も興味深く読んでいただけるのではないかと考える。

明治・大正という、たくましい企業家がしのぎを削り、荒々しい社会の転換期に活躍した広岡浅子のマネジメント能力は、多くの課題を抱え、組織に変化が求められている令和という時代に生きるわれわれにとっても、学ぶ点が多いと考える。ぜひ、多くの方々に本書をお読みいただきたい。

最後になりましたが、本書の制作にあたり、2023年3月と6月に、執筆者たちは大同生命大阪本社 2階 メモリアルホールで開催されている、「特別展示『大同生命の源流 〝加島屋と広岡浅子〟』」を訪問させていただきました。その際、大同生命保険株式会社 取締役常務執行役員大阪本社代表（当時）の谷口典江氏、同社コーポレートコミュニケーション部 社史担当課長の吉田一正氏に、浅子に関する貴重な情報の提供や展示に関わる詳細で丁寧なご説明を頂戴いたしました。ここに厚く御礼申し上げます。

日本経営倫理学会 会長

潜道　文子

目　次

Ⅱ 広岡浅子の女性活躍社会構築への情熱

目　次

【プロローグ】　広岡浅子の「生き方理念」とサステナビリティ

「ＳＤＧｓ経営を実践した女性実業家のロールモデル」

２０１５年にＭＤＧｓを継承し、２０３０年のゴールをめざして進められているＳＤＧｓ。広岡浅子（以後、浅子）が生きた時代、明治維新の前「１８４９（嘉永２）年～１９１９（大正８）年」を考えれば、まだＳＤＧｓは影も形もなかった時代だが、彼女の生き方は「１．貧困をなくそう」「４．質の高い教育をみんなに」「５．ジェンダー平等を実現しよう」などなど、ＳＤＧｓに相通じることが数多くある。

ＳＤＧｓの項目との関連については、各章にて述べられているのでここでは割愛し、当プロローグでは、浅子の生き方に学びつつ企業経営のあり方を探るヒントを供したい。

1．「九転十起」の女と男

（1）「女性実業家」の広岡浅子と「事業の鬼」浅野総一郎

１８４９（嘉永２）年10月18日に京都の油小路出水の三井家で生を受け、１９１９（大正８）年１月14日に享年71歳で天寿を全うした浅子。一方、ほぼ同じ時代の１８４８（嘉永元）年３月10日に富山県氷見市で産声をあげ、１９３０（昭和５）年11月９日に83歳の生涯を閉じた男が浅野総一郎（以後、浅野）。両者の間には共通項がある。「九転十起」の呼び名（浅子はペンネーム）がそれだ。

「九転十起」とは七転び八起きよりさらに回数を重ね、９回転んで10回起きるほど何度も何度もくじけて転んではまた立ち上がる、俯仰不屈（ふぎょうふくつ）の「生き方」を象徴する言葉であることから、ここでは二人の九転十起について簡単に述べておく。

（2）ペンネーム「九転十起生」の広岡浅子

17歳で加島屋（かじまや）８代当主・広岡久右衛門正饒（まさあつ）の次男・信五郎と結婚、娘・亀子の出産と育児を経て１８８４（明治17）年に広炭商店を開業、石炭事業に進出するも業績不振に陥る。ここから浅子の波乱万丈の生涯が始まる。

2年後には福岡県筑豊にある潤野炭鉱を買収し本格的な事業に参入するも、潤野炭鉱は思うように採掘が進まない時代が長く続き、13年かけてやっとの思いで1897（明治30）年に着炭に成功する。その間1888（明治21）年には難局を乗り越えながら永年の夢であった金融事業に進出し、加島銀行を設立する。その後1902（明治35）年には大同生命保険株式会社を創業、新規事業へ参入し現在の大同生命の基盤を築くこととなる。

一方、1896（明治29）年春に成瀬仁蔵との出会いが契機となり、事業の傍ら女子教育にも力を注ぎ、1901（明治34）年、東京で念願の日本女子大学の開校にこぎつける。

夢がかなった浅子は、女子教育に一層のエネルギーを注ぎ込むこととなり、1914（大正3）年に、御殿場の別荘で夏期勉強会を主宰した。将来を託す若い女性たちと寝食をともにしながら、女性の生き方や日本の将来や胸襟を開いて語り合ったのである。こうした女子教育への注力はSDGsの「4．質の高い教育をみんなに」「5．ジェンダー平等を実現しよう」につながることである。

一つ一つの事業や女子教育に関することは一朝一夕にはならず艱難辛苦の連続であったといわれるが、逆境にあっても決してあきらめない強靭な精神力が、ペンネームの九転十起生を表現している。

本プロローグでは、紙幅の制約からビジネスに関わる浅子の信条が最も表れていると思われる潤野炭鉱の買収と事業経営のみを後述する。

（3）事業の鬼、浅野総一郎の「九転十起」

浅野は明治・大正期の浅野財閥を築きあげた実業家。富山の医者の家に生まれ、渋沢栄一（以後、渋沢）との関係が深く、事業意欲に目覚めて10代にして起業。失敗をくり返しながら、1871（明治4）年、後見人の山崎善次郎から「九転十起」の教えを受ける。

1873（明治6）年横浜で薪炭・石炭販売店を開設。1883（明治16）年、渋沢の斡旋で工部省深川工作分局のセメント工場を借りうけ、翌年払下げをうけてセメント事業（後の浅野セメント）に乗りだし成功を収める。

1883（明治16）年、渋沢らとともに磐城炭鉱会社を設立、事業分野を広げた。事業に注力する一方で、実技を重んじる教育にも関心を抱く。アメリカのゲーリーシステムとよばれる「学問だけでなく、実務も教える」ことを主眼とした教育がそれである。1920（大正9）年に浅野は横浜に浅野総合中学（戦後の学制改革に伴い旧制中学を改組し中高一貫となる）を開校した。

（4）「九転十起」を生んだ両者の共通点

①渋沢栄一との関係

二人の共通の知人に渋沢がいる。浅子と渋沢の最初の出会いは、浅子が成瀬と知り合った日本女子大学の設立準備の時で1896～97（明治29～30）年頃といわれている。一方、浅野が渋沢に出会ったのは、1876（明治9）年の春。浅野がセメント製造の燃料にコークスを使っていたことが評判となり、製紙会社の燃料で石炭を使いコスト高で悩んでいた渋沢の耳に入った。

コークスが縁となって取り持たれた二人の出会い。その後二人の関係は一気に進み、浅野は渋沢が最も愛した実業家とまでいわれるようになる。ちなみに最も気持ちが通じ合わなかったのが岩崎弥太郎といわれた。

②石炭事業（潤野炭鉱、常磐炭鉱）への進出

浅子が1884（明治17）年に起業した広炭商店は、筑豊で産出された石炭を輸出する会社だが、その後、1886（明治19）年に筑豊の潤野炭鉱を買収、炭鉱事業に進出する。

一方、1883（明治16）年、浅野は常磐炭鉱を買収し、渋沢と共同経営に乗り出した。

③小倉を舞台に税関と築港

浅子は潤野炭鉱での石炭採掘後にそれまで長崎や神戸から輸出されていたものを、日本で最

小倉の旧税関

筆者撮影（2023年11月）

初に門司港から石炭の積み出しを試みた。そのために小倉の門司港に税関の出張所を設けさせたが、港の整備が進まず1886（明治19）年後半には頓挫した。

その後、1922（大正11）年春、浅野が庇護者であった安田善次郎（安田財閥の創始者：前年9月に暗殺されている）と約束した小倉の築港を手掛けることとなり、期せずして小倉を舞台に浅子と安田がつながりを持つこととなる。

④日本女子大学の設立を介した、浅子と浅野の出会い

1899（明治32）年、成瀬仁蔵とともに日本女子大学の設置準備の頃、8月14日に浅子と浅野の最初の出会いの機会があった（日本女子大学成瀬記念館、2016）。資金集めに奔走していたころのこと、浅野は成瀬の紹介で浅子に一切の事業を引き受けてもいいとの意向を伝えた。もちろん浅子はその申し出を断ったのだが、九転十起のつながりがここから始まったともいえよう。

⑤教育にかける情熱（日本女子大学、浅野中学）

これまで述べたとおり、浅子は日本女子大学の設立、さらには、御殿場塾（井上秀、小橋三四子、市川房江、村岡花子ら）で後進の育成など晩年は人材教育に精魂を注入。一方、浅野も人材育成に力を注ぎ、横浜に浅野総合中学を開校している。

このように二人とも新規事業への取組みと挫折の繰り返し、さらには現場を重視する（現場・現実・現物の3現主義）生き方を持つ。渋沢のほか大隈重信、五代友厚、住友友純、古河市兵衛など人的ネットワークの形成など共通項は多い。

2．広岡浅子が志す2つの「理念」

浅子の人生には、2つの理念がある。一つは先述の「生き方理念」すなわち「九転十起」であり、2つめはさまざまな事業や社会とのかかわりにまつわる「経営理念」である。

（1）理念の意義

理念とは『広辞苑』によれば「理性によって到達する最高の概念。プラトンのイデアに由来し、感覚世界の個物の原型である非感覚的な永遠の真実在。中世哲学でも神の精神の中にある個物の原型という意味を持ったが、近世、デカルトやイギリス経験論では人間の心的内容たる観念（アイディア）の意味に転化した。」とある。

平易な言葉で述べれば、理念とはある物事において、理性によって「このようにあるべき」というような最高の価値を有した概念を意味するといえよう。

浅子の人生においては「生き方理念」すなわち「九転十起」であり、彼女のビジネスや社会とのかかわりでは、経営理念や組織理念などをさす。ここで注目すべきは、いずれも俯仰不屈の精神をもって持続可能性を求めていく「サステナビリティ」が両者の根底に存在することである。

（2）浅子の生き方理念

生き方について稲盛和夫は、著書『生き方』の中で「経験と実践から生み出された〝生きた哲学〟」のことであると表現し、判断や選択の基準となる原理原則、あるいは自分なりの人生観、倫理観、あるいは理念や道徳とも言い換えている。

浅子は人生のさまざまな局面で、生き方、社会、事業などにかかわる持続可能性すなわち、「サステナビリティ」があり、それが生き方理念の「九転十起」に結びついている。

第1章以降の彼女の生い立ちや生涯を見ればそのことが見えてくる。浅子の反骨の精神は、複雑な出自と生い立ちが彼女の気丈な性格そして生き方を左右する理念を作り上げたのであり、反骨精神が彼女の元気の源といっても過言ではない。

（3） 浅子の経営理念

経営理念とは、既述の理念をベースにして考えれば、「組織を経営する上で必要な信念がもとになり、その会社の主義主張を形成する概念」といえる（水尾、2003）。つまり、会社が目指すべき方向を示し、その実現のために、経営活動を通じて、誰が、なにを、どのようになすべきか明らかにすることである。

これによって、会社の内外に理念が共有される。理念がない会社は、羅針盤のない航海と同じで、一時的には存在できるかもしれないが、持続的ビジネスはあり得ない。

経営理念は、まずはトップの思想を明確に「見える化」することから始まり、最終的には全従業員に共有され、社会からも認識されるべきものである。その根幹となるのは、従業員、お客、そして地域社会などに喜びを提供することである。

大同生命についていえば、同社が設立された時の合併理由書によれば、「内外の情勢に鑑み、分立競争の弊を避け、経費を省き、基礎を強固にし（堅実経営）、被保険者並びに会社の利益

経営理念と企業文化

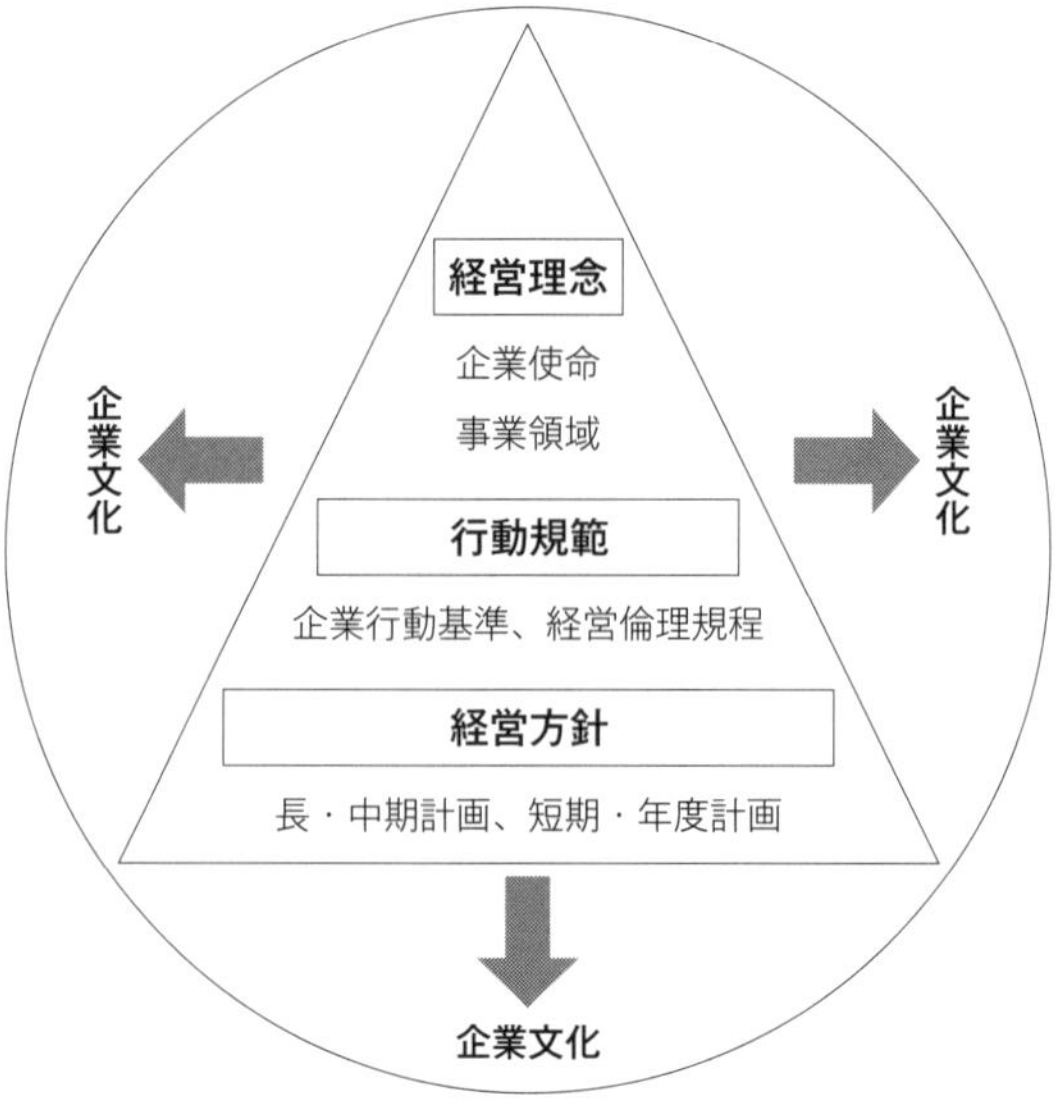

出所：筆者作成

を保護増進せんがために（加入者本位）、ここに三会社の合併を協定したり」とある（カッコ内は筆者注釈）。大同生命の社是「加入者本位」「堅実経営」はこの一文にもとづく（大同生命保険ホームページ）。

この合併理由書をもとに、『「加入者本位」「堅実経営」という創業時からの基本理念をしっかりと継承し、常にお客さまの立場に立った健全な業務運営を実践することで、「サステナブルな社会の実現」に貢献できる会社であり続けられるよう、全役職員が一丸となって一層努力する』ことを宣言している。

一般的に、経営理念の実現には、

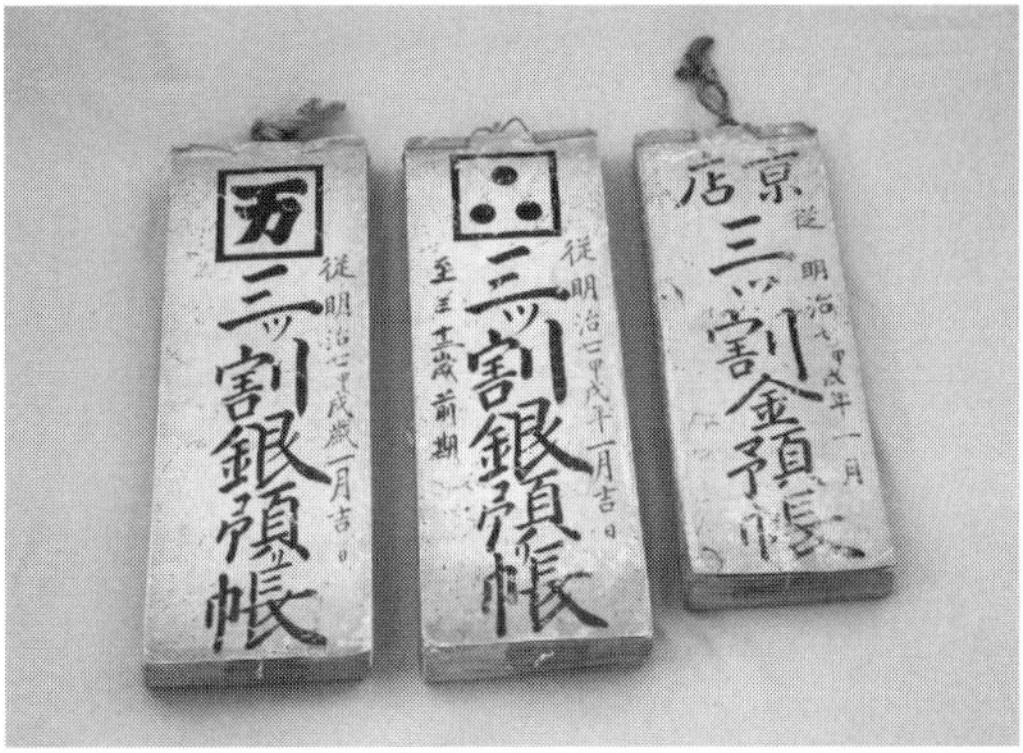

1789（寛政元）年に始めた、三ツ割銀（金）制度の預帳

写真提供：公益財団法人 西川文化財団

図のように従業員が取り組むべき具体的な行動指針を示し、それを研修や会議などあらゆる機会を通じてリーダーからメッセージを発信することで、企業文化に根づかせることが重要である。

浅子も創業当時から従業員を大切にしており、近江商人の西川株式会社が1789（寛政元）年に実践し、その後伊藤忠兵衛もこの手法を導入したとされる「三ツ割銀制度」を取り入れ、従業員の士気を鼓舞したといわれている。

この三ツ割銀制度とは、毎年2回の決算において、純利益のうち三分の一を本家に納め（配当）、三分の一は内部留保に充て、そして残りの三分の一を従業員に配分（現在の賞与制度の原形）する制度である。賞与は店主から奉公人に直接手渡され、使い道も自由。この制度によって、奉公人は働けば働くほど三ツ割配当が多くなるのであり、現代風にいえば成果主義の導入と呼ぶことができる。

上記は従業員重視の一例ではあるが、こうした地道な活動の結果、経営理念が企業文化に根づき、浸透・定着が図られる。経営理念や行動指針を策定し額縁で掲げるだけでは、絵に描いた餅、つまり「画餅の理念」となるだけである。

3. 潤野炭鉱の買収と経営破綻、回復に向けた取組み

経営難に陥る加島屋の再建のために、1884（明治17）年広炭商店を設立し、石炭業に進出するが、折からの炭鉱不況でわずか2年で苦境に陥る。浅子はその打開を狙い1886（明治19）年に筑豊の潤野炭鉱を買収、炭鉱事業に進出することとなった。

しかし、ここでも困難が待ち受けていた。潤野炭鉱は断層が立ちふさがり、思うように採掘が進まず、いったん休業という経営難に陥る時もあった。その後の『一週一信』に「今から顧みれば、断崖絶壁をよづるが如き、危険極まる所を歩んできた」と書いている。

あるとき、浅子自らが西洋服を着て懐にピストルを携え、決死の覚悟で炭鉱に入り荒くれ男たちを叱咤激励したという。この時の様子をジャーナリストであり友人の小橋三四子が主宰する『婦人週報』（1919（大正8）年1月17日発行）に、浅子亡き後の追悼文として小橋が

次のように書いている。

「……その若き日には深窓の令夫人たる者が、ピストルを懐にして鉱夫共を指揮した時に、世人はこれを狂気したと云ひました」（「広岡浅子関係記事一覧」日本女子大学文学部史学科編・発行、２０２０年７月）

こうした浅子の思いが鉱夫を動かし景気も回復、明治30年代に入ると石炭の産出量も拡大するとともに、業績は向上する。１８９９（明治32）年には当時の金では大金の35万円で潤野炭鉱を官営八幡製鉄所に売却した。日本の鉄鋼業を牽引する役割を果たす官営八幡製鉄所へ潤野炭鉱を売却するなどは、筑豊の石炭が必要になるとの先見の明をもった決断といえよう。こうした石炭事業の栄枯盛衰は、まさに浅子の九転十起そのものである。

ちなみに、潤野炭鉱はその後閉山となり、その跡地には現在の福岡県立嘉穂高校が建っている。

嘉穂高校正門前にある
1903（明治36）年に起きた
潤野炭鉱ガス爆発事故の慰霊碑
筆者撮影（2023年11月）

4.「九転十起」に流れる5つの精神

「九転十起」は浅子の「生き方理念」そのもの。処世の金科玉条でもある。1918（大正7）年12月に発刊した『一週一信』（婦人週報社）における浅子のペンネームは「九転十起生」。その背景には、次のような5つの精神を感じ取ることができる。

①一期一会（いちごいちえ）

一生に一度だけの機会。生涯に一度限りであること。生涯に一回しかないと考えて、そのことに専念する意。もと茶道の心得を表した語。どの茶会でも一生に一度のものと心得て、主客ともに誠意を尽くすべきことをいう。千利休の弟子宗二の『山上宗二記（やまのうえそうじき）』に「一期に一度の会」とあるのによる。「一期」は仏教語で、人が生まれてから死ぬまでの間の意。

渋沢栄一や日本女子大設立にあたっての成瀬仁蔵、伊藤博文、西園寺公望、大隈重信、五代友厚など、多くの人との出会いは浅子の人脈形成に多大な貢献をしたのである。

②管鮑之交（かんぽうのまじわり）

互いによく理解し合っていて、利害を超えた信頼の厚い友情のこと。渋沢・五代との交流などきわめて親密な交際のこと。「管」は春秋時代、斉の名宰相の管仲。「鮑」は鮑叔牙。単に鮑叔ともいう。管仲と若いときから仲がよく、彼を斉の桓公に推挙した。「交」は「こう」とも読む。

一期一会の出会いは管鮑之交に結びつき、結果的に潤野炭鉱、加島銀行、大同生命、日本女子大学などの九転十起の人生につながっていく。

③当機立断（とうきりつだん）

機に臨んで、すばやく決断すること。「機」は、機会・時機。「当機」は、時機に当たること。「立」は、たちどころに。「断」は決断。「機（き）に当（あた）りて立（たちどころ）に断（だん）ず」と読み下す。

浅子の当機立断は、これまで述べた新規事業への進出にあたって遺憾なく発揮された。新しいビジネスには資金需要が増大するが、そのために浅子は銀行設立を瞬時に決めた。「機を見るに敏なり」とはこのことだろう。

④疾風勁草（しっぷうけいそう）

苦境や厳しい試練にあるとき、初めて意志や節操が堅固な人であることがわかる。強い風の中に折れずにいる強い草の意。「疾風」は激しく速く吹く風、はやてともいう。「勁草」は強い草。節操の堅い人のたとえ。「疾風（しっぷう）に勁草（けいそう）を知る」と表現される。

この言葉を最初に聞いたのは、西武鉄道の再建にあたって社長に就任した後藤高志（現・西武ホールディングス会長）からである。みずほ銀行の副頭取から西武鉄道に移り、経営改革を進めていく際に従業員に常に語っていた言葉の一つである。

⑤重見天日（ちょうけんてんじつ）

暗い状況から抜け出すこと。どんなに悪い状態であったとしても、いつかは脱却し、再び良いほうに向かうことである。「重見」は再び見る。「天日」は太陽。「重（かさ）ねて天日（てんじつ）を見る」。「一陽来復」とか「朝のこない夜はない」という言葉があるが、それぞれ同じ意味で使用される。

浅子の九転十起の精神はこの思いを大切にし、日本女子大学での講義や、成瀬によって「三泉寮」と名付けられた夏季学生寮、また御殿場における二の岡での夏期合宿後進の指導における講義など体験談に基づく講義で伝えられ、女性たちの心を打ったとされている。

（水尾順一）

I

広岡浅子の生い立ちと世界観

【第1章】広岡浅子の生い立ちと九転十起

広岡浅子は豪商三井家のお嬢様として生まれ、豪商の加島屋・広岡家に嫁いだが、明治維新後の混乱の中で、加島屋が危機を迎えるなか、自らが先頭に立って、泥をかぶりながらも加島屋を守り成長させ、大同生命の設立にも貢献した。また自らの経験を踏まえて、女子教育の重要性を認識し、日本女子大学の設立にも多大な貢献を果たした。

浅子は多くの苦難に立ち向かい、自らの才覚と意思で最終的にはこれらを克服した。浅子の人生はペンネームのとおり、「九転十起」の人生といえる。本章では、これらの経緯を簡単にまとめて説明する。なお、本章の内容の多くは、別添の参考文献の考察に依拠している。

1. 豪商三井家のお嬢様時代と広岡家への輿入れ

広岡浅子は、1849（嘉永2）年に、三井十一家の一つである小石川三井家（出水三井家）

の第６代当主・三井高益の庶子として生まれた。３歳の時に、三井家の最高意思決定機関である大元方の月例の会合で認められて、浅子は三井一族に迎えられることになった。

高益はすでに隠居の身であったことから、高益の養子で小石川三井家の第７代当主・三井高喜のもとで、高喜の息子３人と、同じく高益の庶子の異母姉・春らと、兄弟姉妹のように育った。高喜の息子は正式には浅子の甥にあたるが、浅子は彼らを弟と呼んでいる。そのうちの１人が後の小石川三井家第８代当主・三井高景である。

高喜は、激動する幕末に、いち早く薩摩、そして新政府側への接近を図るなど、「時代の先」を見据えた商売人であり、新政府の両替御用（公金の運用を行う役目）に就任するなど、三井家の発展に多大な貢献をした人物である。

浅子は当時の良家の子女の例に漏れず、儒教の女性観のもと、日々裁縫、茶の湯、生け花、琴の稽古などを強いられ、また幼くして広岡五兵衛家を継ぐ信五郎の許嫁となった。浅子は兄弟と同様に学問がしたいと考えたが、周囲が子女のやることではないと大反対してかなわなかった。その時の悔しい思いを、浅子は自伝に以下のように記している。

> 私の兄弟やいとこたちは、学問を一時も怠ってはならないと指導を受けていました。しかし傍らで見ている私は、女だから学問は不要だと言われて、つくづく残念に思っていま

した。それでも、私はこっそりと四書五経の素読に耳を傾けていて、学問に非常に興味を持つようになりました。家族は大いに心配して、厳重な制裁を加えました。私が13歳の頃に、一切の読書を禁止することが言い渡されたのです。

しかし圧迫が強ければ強いほど、これを打ち破ろうとする精神はいよいよ固くなります。「女子といえども人間だ。学問の必要がないという道理はない。学べば必ず修得できる頭脳があるのだから、どうにかして学問をしたいものだ」と考えました。

だんだんと物の道理をわきまえるようになってくると、「女子を器物同様に、親の手から夫の手に渡すということは、なんという不当なことなのだろう」と、当時の結婚法などについても、慨嘆（がいたん）するようになりました。

出所：『超訳 広岡浅子自伝』KADOKAWA、9－10頁

1865（慶応元）年、17歳の時に、大阪の豪商である加島屋の当主・広岡久右衛門正饒の次男で、分家の五兵衛家を継ぐ広岡信五郎と結婚した。小石川三井家と広岡五兵衛家は複雑に重なる閨閥を形成しており、小石川三井家から広岡五兵衛家への輿入れは浅子で4人目であった。

信五郎はその頃の富豪の例に漏れず、家業は支配人に任せきりで、自らは謡曲や茶の湯など

の遊興にふけっていた。浅子は、三井家との違いを感じ、またこれに危機感を持ち、浅子の自伝によれば、「これでは永久に家業が繁栄できるかどうか疑わしい。もし何かあったら、一家の運命を双肩に背負って私が立ち上がらなければならない」と決心し、簿記法、算術、その他商業上に関する書籍を、夜ごと眠るための時間を削って独学し、一心不乱に熟達を図ったという。

三井家では、学問は女には不要であるとして、浅子が勉強するのを固く禁じていたのに対して、広岡家では浅子は自由に実学の勉強をすることができた。ここから信五郎の懐の深さを読み解くことができる。

2．女性経営者としての時代

(1) 明治維新後の混乱

幕末から明治に至る社会の大きな変革期において、江戸時代の豪商の運命は大きく分かれた。浅子の実家の三井家は、いち早く薩長を支援したことなどから、明治新政府に厚遇され、政商としての地位を確立していった。浅子の姉・春の嫁ぎ先である豪商天王寺屋は、この変革のなかで没落していった。加島屋も厳しい状況に置かれたが、浅子の活躍などもあって、その後の

図表１－１　広岡浅子関連の家系図

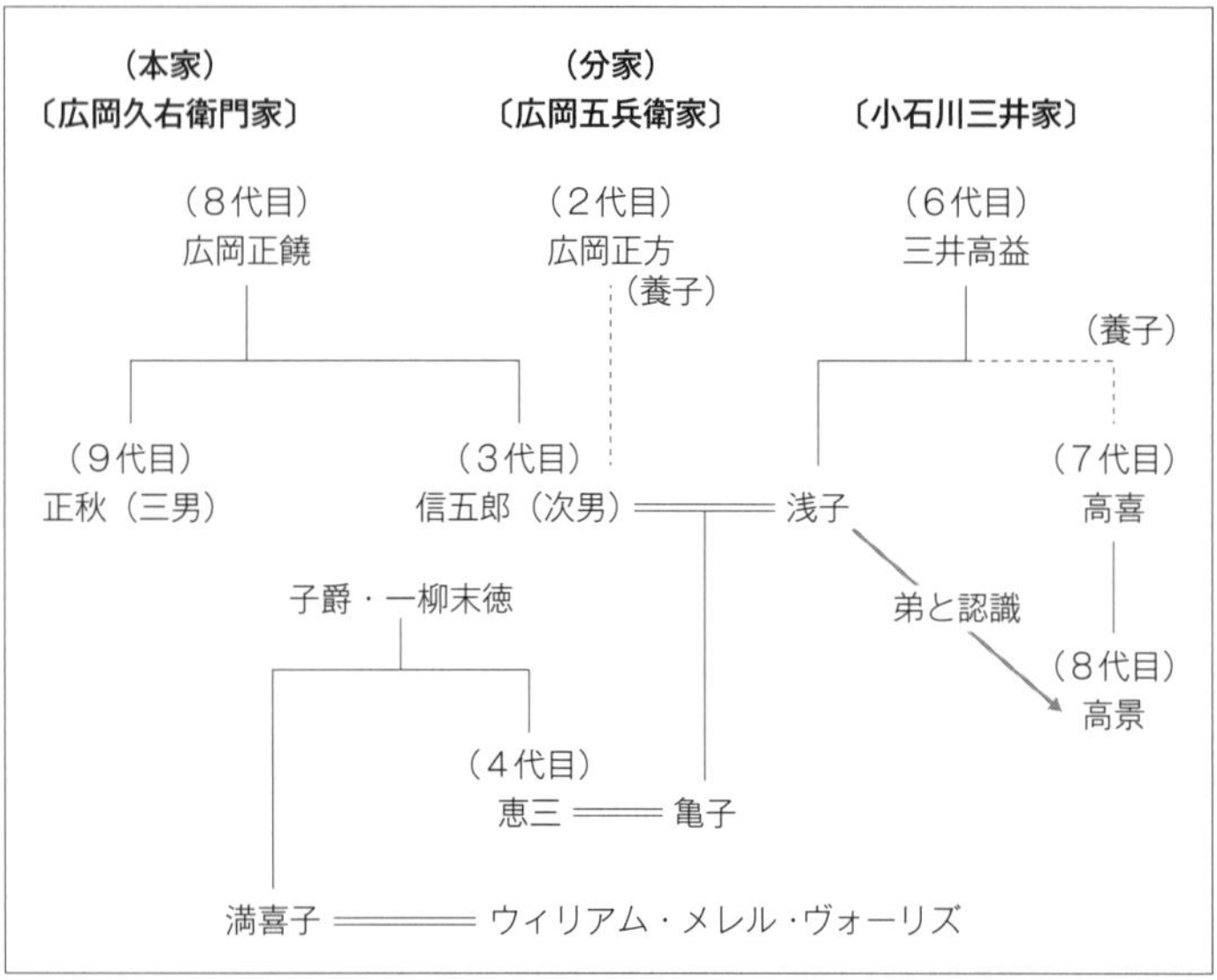

出所：筆者作成

発展の基礎を固めることができた。

明治新政府による変革の一つに、１８６８（慶応４）年に出された銀目廃止令がある。これは近代的な統一貨幣制度の構築のため、大阪で行われていた銀建てでの決済の習慣を、東京で行われていた金建ての決済に変更するものである。大阪の両替商が振り出した手形や借用証文の金額は基本的に銀建てであったことから、影響が大きかった。

たとえば、手形や借用証文の金額の変更に加えて、幕末から明治に至る時期の金銀交換相場は大きく変動していたことから、債権者・債務者双方が評価損を被る可能性があった。

また銀目手形に対する不信感が生まれ、手形の振出人である両替商に取り付けが殺到し、体力のない両替商は破綻した。

また、１８７１（明治４）年に断行された廃藩置県によって、藩が解体され、藩に対して貸し付けを行っていた豪商は、大名貸しの業務を継続することができなくなった。これに加えて、明治政府から債務弁済の一時停止の命令がだされた。

これは、①１８４４（弘化元）年から１８６７（慶応３）年までの藩債に対して無利息・５０年賦の旧公債証書を交付する、②１８６８（明治元）年から１８７２（明治５）年までの藩債に対して年利４％の新公債証書を発行し、元金は22年賦、利息は25年賦で償還する、③１８４４（弘化元）年より前の債券は「古債」として切り捨てられるというもので、運用に際しては、かなりの部分、明治政府（大蔵省）の判断次第のところがあった。

加島屋の事業の中心が大名貸しであったことから、この影響は極めて大きかった。そして大名貸しの過半が公債として認められず（小林、１７０－１７２頁）、「古債」に位置づけられ、切り捨てられた。加島屋は大名貸しが継続できなくなったことなどから、これに代わる新たな家業を模索することになる。

このような混乱期のなか、加島屋の大黒柱であった信五郎の父・正饒が１８６８（慶応４）年に病に倒れ、１８６９（明治２）年に没した。その後を正饒の三男、信五郎の弟の正秋が弱冠26歳で継ぐことになった。信五郎が分家の五兵衛家を継ぐことが決まったのち、長男が死去したので、三男の正秋が本家の久右衛門家を継ぐことになったという経緯がある。

この若い当主を全面的にバックアップしたのが信五郎と浅子の夫婦である。廃藩置県直後の加島屋に残っていたものは、膨大な借財と、以前から付き合いのある旧大名家からの資金借り入れ要請であり、浅子は、これら極めて責任の重い、かつ厳しい仕事に直面することになった。

この頃の逸話として宇和島藩邸での浅子の行状がある。浅子は宇和島藩邸を訪問し、御用人に手元不如意の状況を訴えたものの、たびたびの訪問にうんざりした相手にぞんざいにあしらわれたことから、猶予の承諾を得なければ引き下がらないと、追いやられるまま足軽部屋に退き、満身紋紋の荒くれ奴に囲まれて一夜を明かした。結局相手が根負けして、浅子は目的を達して帰ることができたということである。浅子の負けん気の強い、怖いもの知らずの性格がよく表れている逸話であるといえよう。

(2) 鉱山開発

加島屋では、大名貸しに代わる新しい家業を模索したものの、なかなかうまくいかなかった。そのようななか、浅子が加島屋の未来を託したのが石炭事業である。石炭は石油にとって代わられるまで、最も重要な燃料であり、製鉄業や紡績業には欠かせないものであった。

三井も炭鉱関連の事業に参入しており、たとえば、三井物産が１８７３（明治６）年に官営炭鉱となった三池炭鉱の販売権を獲得。その後、三池炭鉱は１８８８（明治21）年に三井に払い下げられ、三井三池炭鉱として急速に発展した。

１８８４（明治17）年、浅子は三井物産と提携し、信五郎をトップに据えて、筑豊地方で産出される石炭を海外に輸出する会社である「広炭商店」を設立して、石炭事業に着手した。炭鉱から輸出港までの距離が長いという石炭輸送の問題を解決すべく、門司港の整備を試みたが、門司の規模がまだ大きくなかったことに加えて輸送コストが高騰したことなどから、これは失敗した。

これで諦める浅子ではない。１８８６（明治19）年には、販売だけではなく石炭の産出から販売までを手掛ける「日本石炭会社」を設立した。しかし、松方デフレの影響で石炭価格が暴落したことなどから、海外輸出も順調には進まず、この日本石炭会社は設立2年後の１８８８（明治21）年に解散の憂き目を見ることとなった。そして潤野（うるの）炭鉱だけが浅子の元に残った。

潤野炭鉱は、旧来の坑道の採掘が思うように進まず、また別の場所で掘り進めた坑道の採掘も断層に邪魔され、休鉱を余儀なくされていた。周囲も事業の失敗を指摘するなか、浅子だけは諦めなかった。「周りの炭鉱が産出しているのに、ここだけ出ないという道理はない」と考え、１８９５（明治28）年、新たに鉱区内の別の場所を掘削、再開発に着手した。

潤野炭鉱を成功させるために、浅子は自ら炭鉱に乗り込んだ。ここでも逸話が残っている。浅子は荒くれ男たちの職場である炭鉱に、ピストルを懐にして決死の覚悟で乗り込み、鉱夫らを直接指揮したという（小前、136－137頁）。とても良家の子女が行うようなことではなかった。ただし、そのかいもあって、1897（明治30）年から産出量が急増し、優良な炭鉱に生まれ変わることができた。浅子の加島屋再興にかける真剣さ、そして負けん気の強い、怖いもの知らずの性格がここでもよく表れているといえよう。

（3）金融業への進出

大名貸しを営んでいた加島屋にとって、近代的な銀行の設立は悲願であった。加島屋の立て直しが一息ついたことなどから、1888（明治21）年、大阪土佐堀川の袂に加島銀行を設立した。浅子の夫・信五郎が発起人となり、初代社長は信五郎の弟で本家をついだ正秋、信五郎は相談役に就任した。なお、加島銀行はその後、大阪における中堅銀行にまで順調に成長したが、昭和初期の金融恐慌で経営困難となり、1929（昭和4）年にその業務を野村銀行などに譲渡した。

広岡家の事業の中核に置かれたのが、生命保険業である。浅子も生命保険業が「社会の救済と人々の安定」に資する事業であることなどからこれに積極的に関与した。広岡家が生命保険業に参画したそもそものきっかけは、浄土真宗の寺院門徒を対象として設立された真宗生命の救済のために、同社の株主有志が、大阪財界の有力者で本願寺の門徒総代格であった広岡本家の当主・正秋に、同社の再建と救済を依頼したことにある。正秋は社長に就任してその経営を受け継ぎ、また社名を朝日生命（現在の朝日生命とは別会社）に改め、経営改革を断行したことなどにより、業績は改善に向かった。

１９０２（明治35）年に、朝日生命と、業績が悪化していたものの顧客基盤の重複が少ない護国生命、北海生命が合併し、大同生命が誕生した。この社名は、「小異を捨てて大同につく」に由来する。初代社長には、朝日生命の社長であった正秋が就任した。なお、その後、第２代社長には、浅子の娘婿の広岡恵三が就任し、大同生命の発展に大きく貢献した。

浅子の娘・亀子の配偶者であった恵三は、子爵・一柳末徳（播磨国小野藩第11代当主）の次男で、学習院から東京帝国大学法科に進学した。在学中の１９０１（明治34）年に広岡五兵衛家の養嗣子（家督相続人となる養子）となり、三井銀行を経て、広岡家の経営に参加した。大同生命ビルの設計などを手掛けたウィリアム・メレル・ヴォーリズの配偶者・一柳満喜子は、恵三の妹である。

3．女子教育に情熱を傾けた時代

（1）日本女子大学開校

浅子は、幼少のころから長年にわたり、男女の役割が厳格に区別されて、女性たちが男性たちの言いなりの生涯を送っていることに憤慨し、女性の地位を高めなければならないと考え、またそのためにはまずは女性に対する教育が必要だと考えていた。

そのようななか、１８９６（明治29）年、浅子が48歳の時に、のちの日本女子大学の創立者となる成瀬仁蔵と出会った。成瀬は、アメリカ留学から帰国後、女子大学設立の必要性を痛感し、女子高等教育の必要性をつづった書物である『女子教育』を執筆していた。浅子は潤野炭鉱への出張の際にこの本を読み、大きく感動し、成瀬の女子大学設立に全面的に協力することとなった。

この点に関して、１９０３（明治36）年、浅子は日本女子大学の学生に対する講話の中で、以下のような説明をしている。

> 男女は能力や胆力に於いては格別の相違はありません。――大阪へ嫁ぎましてから、段々年月を経まして、種々の境遇に出合ひまして大に女子教育の必要なることを感じました。

即ち女も人であれば社会を形成する一員であります故に、之を人として教育せぬことは間違いでしょう。昔から国の存亡興廃の跡を尋ねて見ますると、女子のつまらない国は衰へます。

折節私の計画しました事業の為に九州に下りまして、其処に滞在中、彼の子女教育論を繙き、始めて先生の女子教育に対しての御意見に接するを得ました。繰り返して読みましたことが3回、先生の主義に就て御熱心なることは自ら其書の上に顕はれて居つて、私は之を読んで感涙止まらなかつた位でした。そこで私は此人こそ真に女子教育を托すべき人、又自分の希望する女子を養成することの出来る方と信じました。それで微力ながらも出来得る限りの尽力をすることを承諾いたしました。

出所：「余と本校との関係を述べて生徒諸子に告ぐ」（明治36年2月講話）、『日本女子大学校学報』第1号

浅子は女子大学設立のための金銭的な支援に加えて、浅子自らが政財界の有力者の元を訪れるなどして、発起人組織の立ち上げにも尽力した。この結果、渋沢栄一や大隈重信を含む政財界の名だたる人物から協力の約束を取り付けることができた。なお、その後、日清戦争後の不況の影響で資金集めに苦労したが、浅子の尽力もあり、景気回復後に、大阪の財界や東京の財

閥から多額の寄付金を集めることができた。

浅子のすすめで、三井家も一門をあげて日本女子大学の創立に協力した。たとえば、1900（明治33）年、三井家より、日本女子大学の敷地となる文京区・目白台の土地約5500坪が寄付された。また小石川三井家第8代当主で浅子の甥（浅子は「愛弟」と呼んでいる）の三井高景が、日本女子大学の発起人、創立委員、建設委員となり、多額の寄付も行っている。さらに、三井家の軽井沢別邸の敷地内に、日本女子大学の夏季寮を建築・提供している。

このような経緯を経て、1901（明治34）年4月、日本初の女子高等教育機関である日本女子大学が開校した。教職員53人、生徒数510人のスタートである。開校に尽力した創立委員32人の中には、浅子の夫・信五郎、浅子の「愛弟」三井高景の名前があり、浅子自身も発起人58人の1人として広岡本家の家当・正秋とともに名前を連ねた。

ほぼ同時期の1900年に、津田梅子が、女性の高等教育をめざす私塾である「女子英学塾」（現在の津田塾大学）を千代田区・一番町で開校している。

日本女子大学開校後も、浅子は東京に来た際には、成瀬の講義を聴講し、また学生に講義をするために、足しげく大学を訪れた。1904（明治37）年に発足した卒業生の組織である桜楓会でも、浅子は数々の講話を行っている。

浅子の講話などを読むと、浅子は女性に対して厳しい言葉で叱咤激励している箇所がある。

また男女の違いを認めたうえで、権利は同等にすべきであると主張している。これらは浅子の実体験から湧き出た信念であろう。

（２）キリスト教への帰依

浅子の晩年は、キリスト教信仰とともにあった。一つのきっかけは、１９０９（明治42）年に乳がんの手術を受けたことである。手術前に麻酔でしだいに意識を失っていくなか、まるで身体が空間と合致して、神と一体となったように感じ、また何物が来ても侵されないと思う偉大な力を感じ、かつてない愉快な境地を経験したという。

同年、成瀬仁蔵の紹介で、大阪教会の牧師宮川経輝の指導を受けることになった。その後も継続して指導を受け、１９１１（明治44）年には受洗して、クリスチャンとなった。

浅子は仏教の僧侶に対して、単に寄付を募るだけで精神上の修養に資するものはないと考えていたが、西欧の合理主義を体現するキリスト教に接し、その考え方に共鳴したことから、キリスト教に帰依したと考えられる。夫・信五郎が逝去し、実業界から身を引いて少し寂しかったことも影響しているかもしれない。

その後、日本組合基督教会の機関誌的役割を果たした『基督教世界』に、「九転十起生」のペンネームで評論を寄稿していたが、１９１８（大正７）年にそれを著書『一週一信』として刊行した。「九転十起生」のペンネームは、「九度転んでも十度起き上がれば、前の九度の転倒は消滅して、最後の勝利を得ることができる」という浅子の信念・人生観を体現したものといえる。

浅子は、1919（大正8）年、東京麻布材木町の広岡家別邸で逝去した。享年71歳であった。

（林　順一）

【コラム１】 広岡浅子と広岡信五郎

ともに学んだ夫婦

加島屋の８代目当主である正饒（まさあつ）の次男信五郎は、小石川三井のお嬢様であった浅子が２歳の時に許婚となったとされ、１８６５（慶応元）年浅子17歳、信五郎25歳で結婚した。信五郎自身は分家の養子となった後のことで、浅子は分家の主に嫁入りしたわけである。浅子には晩年になって新婚当時の夫の生活態度を批判する記述が見られるが、大変に仲が良い夫婦であったと伝わる。信五郎のほうも浅子の誘いに従い、ともに算盤、簿記、漢籍などを学んでいる（麻生、１９１９、１−２頁）。

維新と義父正饒

信五郎の父の正饒には、明治維新の到来を予測した行動がある。63歳の時に闇夜に紛れてわずかなお供とともに海路で長州藩を訪れる。還暦を過ぎた老体が、人目につかない明け方に上陸するとなれば並大抵の訪問目的ではない。「御一新」の時期の予測、その後の商いのヒアリングを急ぎ行う必要があったのだ。この訪問の間に大政奉還がおこなわれている（野高、２００６、63－86頁）。

財政的危機を立て直した四代目吉信の定めと戒めを元に（高槻、２０２２、78－83頁）、手堅い財務基盤を構築し、時流を読んだ経営をしてきたのが辣腕エリートの正饒である。迫りくる時代の激変を受け入れて加島屋を存続させるには、広岡家の人間が新しいリーダーとなり、時代の変動のなかで事業の成長を指揮する必要があると考えていたとしても道理である（戎井、２０２２、46－49頁）。大同生命のジオラマでは、正饒や義弟の正秋が浅子夫妻とともに奥座敷で学んでいる様子が描かれているが、こうした光景があったとしても不自然ではない。

奥座敷で学ぶ広岡家の人々

写真提供：大同生命保険（株）

山口への密行の数年後、正饒の死去と同時期に明治維新に至るわけで、正饒の予見は現実のものとなり浅子と信五郎は荒波に立ち向かっていく。浅子の成長には信五郎だけでなく義父からの後押しが加わっていたと考えられる。浅子は、少女時代のリベンジをなし、学びに持ち前の行動力を兼ね備え、商いに生きることの面白さを知って成長する。この時代の体験が後に発揮される九転十起の粘り強さの一つの要素になっていると考える。

夫婦の幸福度と信五郎の人となり

時折、議論に興奮する浅子に信五郎が冗談交じりに浅子のことを「先生、先生」と呼んだと伝わる（新、１９０４、３５４‐３５６頁）。いずこの夫婦にもある情景だが、その時その場を和ませる才能をこの夫婦の場合は夫が持ち合わせていたようである。緊張の場を和ませ大ごとにさせないことは円満の秘訣の一つであり、信五郎の穏やかな平和主義的な性格がわかる逸話である。

浅子は、長女の亀子を出産の後もビジネスに邁進する。彼女の出張中、一人娘の亀子とともに留守居し、子守の様子などを伝える信五郎からの手紙に対し、三井三郎助高喜が返事を下書きしたものが残っている（三井、年不詳）。ここからは、我が子に関心を寄せ、妻が多忙な際には自分が助け、そのことを第三者に知らせることが季節の挨拶のように自然にできる、穏やかで平等な考え方の持ち主であることがうかがえる。また、男尊女卑の時代の男子としては柔軟さを超えて器の大きい人物で、「令和流男子」といえまいか。

信五郎の足跡をたどると、家業は手代に任せきりにして、もっぱら趣味ごとにふける姿を浅子が批判する文章がある（広岡、１９１８、４－５頁）。信五郎は、茶の湯や謡を好んだと伝わる。これは、現代でいえば、ゴルフなどによるビジネス上の交流ツールを兼ねたと考えられる。ことに信五郎は謡に熱心であり、福王流家元より受けた免状が発見されている（大同生命保険、２０２４ａ）。毎日の修錬での苦楽を通して、人間的に多くの教養やさまざまなスキルが磨かれるのである。信五郎は、１

	幼少期	功績	女性が能力を伸ばす要因　幸福度
	学びを制限させる。人権を意識。	潤野炭鉱開発 加島銀行 生命保険業 日本女子大学の設立	夫婦仲は良かった。 夫の人脈の助けあり。夫が調整役。
	塗師、職人の娘。兄が洋銀両替商。離婚の履歴、夫岩治郎とは再婚するが急逝。	貿易業 砂糖、樟脳、鉄鋼、海運、保険 後の総合商社の双日	金子直吉の損失を責めない度量と信頼関係。鈴木商店の破綻が決定（1927（昭和２）年）した後の再興への執着は金子と鈴木の信頼から。
	６歳のころよりルイーゼ・レーツエンに学ぶ。ドイツ語、英語、フランス語、のちにイタリア語、ラテン語を習得。	大英帝国の象徴 在位63年７か月 植民地化・半植民地化（先帝崩御により即位）	夫婦の仲は良好。 夫の死後39年間喪服姿。 夫アルバートは、女王が子育て中は代役を務めるが後は秘書役。
	奉公人として商いを学ぶ。	吉本興業ホールディングス創業者	夫が頭に思い描いたビジネスプランの才能を、妻であるせいが額に汗して実現するハンドルとエンジン。
	不明。	宮大工 金剛組38代 女棟梁 四天王寺、五重塔再建	先祖への責任感。夫の自刃で伝統の技術を途絶えさせることへの申し訳なさ。白装束で現場に望む覚悟。

出所：文末の参考文献より筆者作成

889（明治22）年、49歳の時に謡の仲間であった木原忠兵衛らとともに尼崎紡績を起業して初代社長に就任し、実業家に成長している（大阪銀行集会所、1904、67－69頁）。

一方で、加島屋のビジネスに試行錯誤する浅子に、信五郎は自身が得た人脈を紹介し、良い刺激を与える役割を担っていたと推察される部分がある。

たとえば、信五郎は、1882（明治15）年に大阪株式取引所の肝煎（きもいり）、現代でいう取締役に就任している。そこには大阪経済を立て直す五代友厚の存在があった（双日歴史館、2024）。浅子と五代との直接的な

女傑比較

人物	生年期間	パートナー	子供	
広岡浅子	1849～1919 （嘉永2～大正8）	・夫：信五郎 （人脈が多い）	亀子 夫側に婚外子4名 （浅子容認と伝わる）	
鈴木よね	1852～1938 （嘉永5～昭和13）	・番頭：金子直吉 ・夫：岩治郎 （再婚・若死）	男子3名	
ビクトリア女王	1819～1901	・夫：アルバート （若くして没） ・養育係：ルイーゼ・レーツエン （結婚後、相談役）	9名 （男4名・女5名）	
吉本せい	1889～1950 （明治22～昭和25）	・夫：吉本泰三 ・実弟：林正之助	8名 （男2名・女6名）	
金剛よしゑ	1894～1975 （明治27～昭和50）	・夫：金剛治一 （自刃） ・優秀な宮大工たち	女子3名	

交流の記録はないが、五代が貿易事務会社を設立しその通商司の一人に加島屋の当主の正秋が任命されている。家業のために邁進する浅子が五代の推進する変革に共感し、刺激を受けることがあっても不思議はない。信五郎と浅子の会話の中に五代の話題がしばしば登場したのではないか。

夫婦の幸福度を論じた研究において、その幸福度の基準の一つに夫婦間の会話の充実というものがある（橘木、２０２０、45－46頁）。家庭内のこと、仕事の話題などの会話を充実させることで共感につなげ、結果として課題解決が得られることがある。冒険者ほどの挑戦を続ける妻に対し、信五郎は気がつかぬうちにメンターの役割を果たしていたのではないか。浅子の度量と行動力は実業家そのものであるが、信五郎の器の大きさもまた類を見ないものである。妻が出世したロールモデルをいくつか調べたので紹介する。前ページの「女傑比較」を参照されたい。

共通点として、夫には限定できないが多くは異性の良き相談者があったこと、その時代の世相に受け入れられる行動を積極的に行い、ときには効果的な広報活動につなげていることに気がつく。世代をつなぐリーダーシップや新たな仕組みの構築に熱心に取り組むな

広岡信五郎

写真提供：大同生命保険（株）

かで、徐々に視線を上げていくとその先に社会や国家への貢献があった。

浅子の生き方

男まさりで知られ、自らを男子六分と述べた浅子ではあるが女子力は低くなかった（山本欽子編、１９４３、84頁）。嫌ってはいたが、女子が身につけなければならない琴や茶の湯、手習い、和歌、裁縫などを習得しており、現存する文字などはまことにみごとである。炭鉱ビジネスの頃にさえ薄紅色の和紙を使うなど、女子である側面を隠すことはしていない。女性の持つ柔軟性や調和力を活用し、社会に貢献する前に一人の人間として自立し、学んでいく。広岡家の持続的繁栄というミッションをやり遂げるために周辺の環境を整えることに熱心に取り組む浅子の姿は私たちに多くのことを伝えている。

（戎井 真理）

図表の参考文献

・青山誠『吉本せい お笑い帝国を築いた女』ＫＡＤＯＫＡＷＡ、２０１７年
・君塚直隆『ヴィクトリア女王―大英帝国の〝戦う女王〟』中央公論新社、２００７年

・金剛利隆『創業一四〇〇年　世界最古の会社に受け継がれる一六の教え』ダイヤモンド社、２０１３年
・曽根修一『老舗企業の存続メカニズム　宮大工企業のビジネスシステム』中央経済社、２０１９年
・辰巳会鈴木商店記念館「人物特集　鈴木よね」http://www.suzukishotenmuseum.com/footstep/person/cat24（２０２４年1月29日参照）
・玉岡かおる『お家さん』上・下、新潮社、２０１０年
・東京国立文化財研究所編「金剛よしゑ」『日本美術年鑑』昭和51年版、東京国立文化財研究所、１９７８年
・矢野誠一『新版 女興行師 吉本せい：浪花演藝史譚』筑摩書房、２０１７年
・「ヨミダス歴史館」読売新聞、１９７５年3月9日朝刊、19頁

Ⅰ　広岡浅子の生い立ちと世界観

【第2章】　経営者浅子の思想と世界観

1．浅子の思想と世界観をたどる

本書のテーマである広岡浅子は、明治時代を中心に活躍した稀代の女性実業家であるが、彼女の思想や経営哲学を記した文献は意外と少ない。晩年に浅子自身が執筆した自伝である『一週一信』を除いては、浅子自身が執筆した書籍はない。また、浅子の経営者としての活躍や人物伝について記した文献はそれなりに確認できるが、浅子が持つ思想や哲学について記した書籍は見当たらない。そのため、浅子の思想や世界観は簡単にはたどれないのである。

では、彼女の思想を読み解くヒントはどこにあるのだろうか。浅子は、晩年に「遺言は残さない、日々語ったことが遺言である」と言い残したといわれる。筆者は、その言葉どおり、ヒントは日々の語りの中にあると考える。実際に、自身の思想を記した書籍が少ない半面で、浅子の講演やインタビューの記録、そして手紙や雑誌への投稿記事は数多く確認され、先達の研究者の多大な努力によって取りまとめられている。

本章では、浅子が生前に交わした書簡や雑誌の記事、そして講演録の内容から浅子の思想や世界観（具体的には、その人間観や経営観）について考えていきたいと思う。

2．浅子が活躍した時代の日本の社会思想

浅子が活躍した明治における、社会的思想はどのようなものであったのだろうか。もちろんこれを一概に述べることは難しいが、浅子の思想や哲学を知るための背景として軽く触れたい。まず、彼女が活躍する以前の江戸時代は、幕府を中心とした強固な封建制度が続いた時代であった。この封建制度においては、身分による人の支配が重要であったため、これに合理性を与える根拠となる思想が非常に重要であった。そして、この封建制度を支える中核的な思想として儒教（特に朱子学）が幕府によって採用され、その研究・教育が長期にわたり奨励された。結果として、社会の思想や文化、たとえば職業観や人間観さらには芸術や家族制度に至るまで、儒教の思想は大きな影響を及ぼした（山本、１９８８）。

たとえば、朱子学においては、女性は男性より劣っているものとされたため、男尊女卑の思想（または、それを体現したさまざまな制度）は社会に〝正しいもの〟として広く浸透した。

また、商業の本質である営利行為は徳のある行為と位置づけられなかったため、商業は徳の高い職業とは位置づけられなかった。結果、江戸時代においては、一般市民に至るまで〝男尊女卑〟や〝重義軽利〟の思想に代表されるような、儒教を基にした思想や価値観が広く浸透したといわれる。

明治になると、福沢諭吉や中江兆民らが、職業（広くは身分）や性別などに左右されない「人の平等」を説き、西欧的な個人主義の導入を図った。これらの思想は、それまでの身分による支配を肯定する儒教を基にした人間観や職業観とは一線を画すものであった。

しかし、一般社会においては依然として儒教（特に朱子学を基盤とした）の思想は色濃く社会に根づいており、先述した男尊女卑や商業軽視の思想も変革するには至らなかった。実際に、浅子と同時代に活躍した日本の近代資本主義の父とよばれる、かの渋沢栄一も社会に色濃く残る商業軽視の思想が日本の産業発展を阻害していると問題視している。また、これを解決するために、商業における営利行為が倫理的に正しいことを儒教をもって説明を試みている（平野、２０１６）。渋沢の経済観や哲学を期した本のタイトルが「論語とそろばん」（論語は、儒教の経典である経書の一つ）であることはこれをよく示している。

まとめれば、浅子が活躍した明治時代は、「職業や性別に左右されない人の平等」が思想として唱えられる一方で、社会においては職業や性別による人の差別や支配が合理的なものとして実践されていた時代であったといえる。では、このような時代に育ち、実業家として活躍した浅子はどのような思想を持っていたのだろうか。

3．浅子の人間観

（1）人の平等

本節では、まず広岡浅子の人間観を見ていきたい。浅子は人の本質やあり方について、多くの言説を残している。特に、晩年の日本女子大における講演録や数々の投稿記事にそれについて触れたものが多数ある。

まず、浅子の人間観の根幹をなす思想は「人の平等」と考えられる。浅子は人の有りようについて述べる時、男女の性差はもちろんのこと職業や国籍の相違によって、人の優劣は決まらないとの思想を持っていたことが、さまざまな言動から読み取れる。

まず、男女の性差については、浅子が若き日より「男女は能力や胆力において格別の相違はない、それどころか女子は男子にはそれほど劣らない」（広岡、１９１８）と考えていることを明言している。男女の性差によって能力に差がないということは、このほかにも講演や女性雑誌への投稿においてたびたび主張されており、この信念は女子高等教育の推進や女性の社会地位向上の活動の原動力となっている。

また、浅子は職業においてもその職種にかかわらず学ぶ権利と義務があり、すべての人に成長の可能性があることを主張する。そのうえで、「どのような職業であるか」よりも「その人がどのような人格であるか」が重要であることを指摘する。

たとえば、浅子は自社の従業員への講話において、「大臣であろうが、女中であろうが人間に何の差別があろうか。人にはそれぞれに長所があり、故に大臣であっても崇拝するには及ばないし、女中であっても卑下するには及ばない。ただ其々の長所をとって彼・彼女を無下にすべきではない」と語っていたとされている（佐瀬、１９００）。

国籍の差についても、同様の平等な視点を持っていたことがうかがえる。日露戦争後、アジアの植民地支配を拡大し、列強の仲間入りを自負し始めた日本において浅子は、アジアの諸外国に対して敬意のない態度をとる日本（そして日本人）に対して警鐘を鳴らしている。

当時に投稿した記事において、浅子は日本人がアジア諸国の国民に対して、彼らの国籍を理由に敬意を払わない態度は恥ずべきことであり、これは改めるべきと指摘している。そして、自身が実際にアジア諸国を見聞した際に発見した優れている点（たとえば、日本の労働者が裸で作業をすることに対して、中国の労働者は衣服を着て労働に従事している点等）について、日本はアジアの諸外国から真摯に学ばなければならないことを指摘している（広岡、１９１１

a、1917a）。

これらの多くの言説や彼女自身の活動から、「人の平等」は浅子のさまざまな活動を貫く思想であったことがうかがえる。

（2）人格を高める義務と学びの重要性

「人の平等」を基盤としたうえで、浅子は誰しもが人格を高めるべきであることを説く。そして、そのために学びは存在すると主張し、独自の学びに対する思想を展開している。筆者なりに浅子の学びの思想をまとめると、**図表2−1**のようになる。

浅子は、学びの終局的な目標は人格を高めるためであると指摘する。したがって、浅子のいう〝学び〟とは、単なる知識の吸収ではなく、学ぶ人が自身の人としての有りようを成長させ、変革していくための知識の吸収であると解される。

また浅子は、人格が人の学びの在り方を決めるとしており、人格と学びは単なる行為とその結果という関係性だけではなく、人格が学びの在り方を変え、学びが人格を高めるという意味において両者は相互作用性の関係性にあると考えていたと解される。実際に浅子は、学びや教育の意義を語る言説において、その目的を「人格の修養」と定めるとともに、「（学びは）その人格が備わって初めてその真価を発揮する」と指摘している（広岡、1907）。

図表2-1　広岡浅子の学習モデルのイメージ図

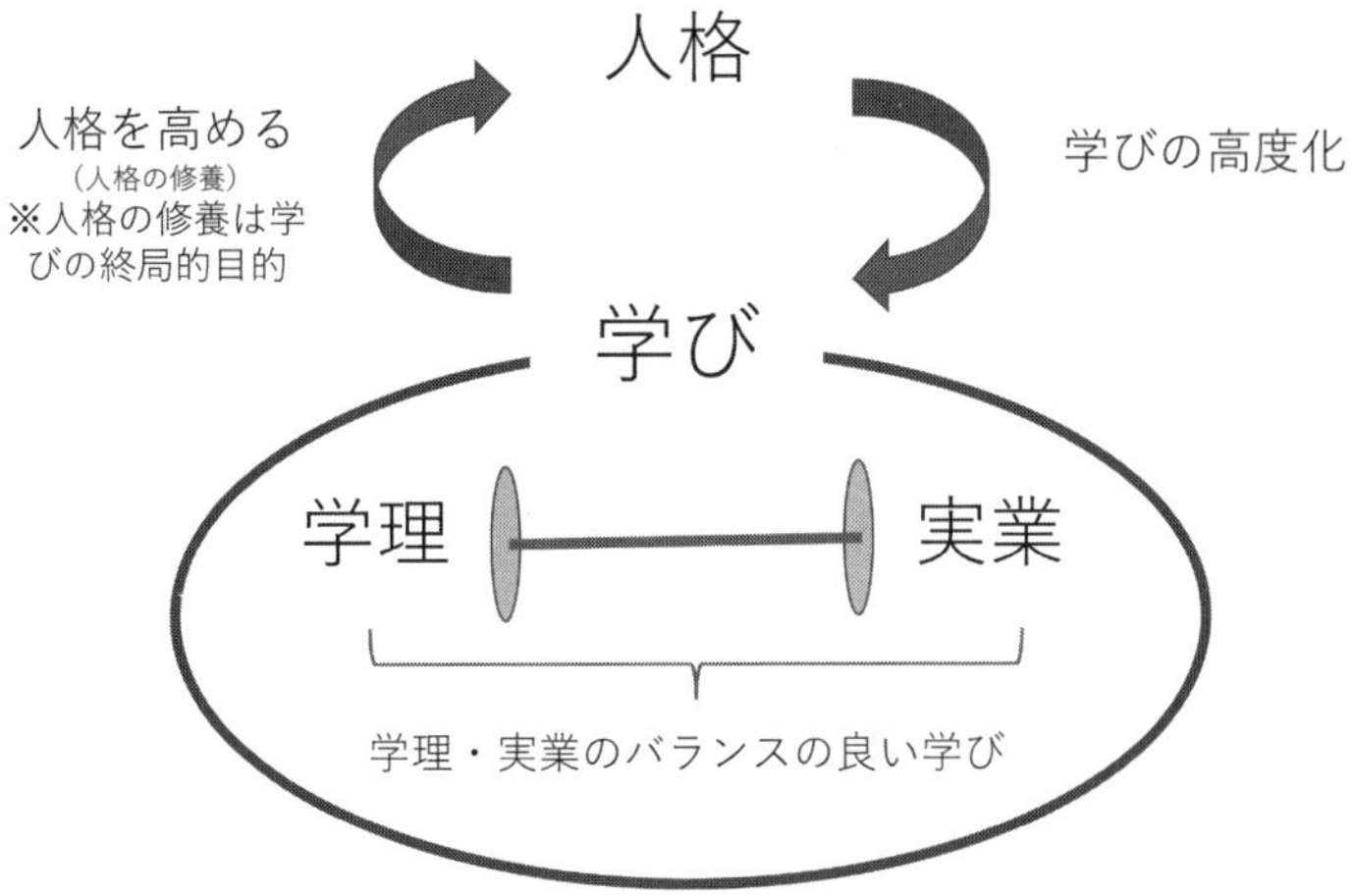

出所：筆者作成

さらに浅子は、学ぶ知識のバランスについても言及している。浅子の学びや教育に関する言論においては、人が学ぶ知識を理論知（浅子の表現で〝学理〟）と実践知（浅子の表現では〝実地〟あるいは〝経験〟）に二分して捉えているものが複数確認される。この二つの「知」の定義は必ずしも明確ではない。しかし、これらが記述された前後の文脈を読むに、理論知とは「抽象性の高い知識であり書物等を通じて学ぶ知識」であり、実践知は「応用性や実用性の高い知識であり経験を中心に学ぶ知識」を指すものと解される。

そして浅子は、この理論知と実践知を両輪としてバランスよく学ばなければ、学びの効果が発揮できないと指摘する。浅子の言葉を借りれば「学理は経験によりて初めて活用され、経験は学理の力によってその功を奏す」（広岡、1909c）のである。学術的な理論と社会における実践を両輪とした学びのモデルは、現代のMBA（ビジネススクール）を中心に重用されるモデルである。これを考えると、両者のバランスを重視した浅子の学びのモデルはきわめて実業家である浅子らしい学びのモデルといえる。

（3）浅子の目指した社会

先述のとおり浅子は、人は本質的に平等であるとし、人格を高めることが人の務めであるとした。ではこのような人間観から、浅子はどのような社会を理想として描いたのであろうか。浅子の理想とする社会を体系的に記述したものは、残念ながら見当たらない。しかし、彼女はさまざまな言説において、自身の感じる社会課題とこれを解決するために必要な社会の在り方を述べている。本項では、断片的ではあるがこれらの言説を俯瞰することで彼女が理想とした社会像の一端を見ていきたい。

浅子は、精神的にも社会的にも自立した個人が存在する社会の重要性をさまざまな言説において指摘している。特に女性の社会的地位の向上を求める言説において、これは顕著に表れている。浅子は、女性が精神的にも社会的にも男性から自立することを求め、これを「好ましくない」ものとする文化や、男性の先入観に対しては痛烈な批判を展開している。同時に、精神的・社会的に男性に依存している状況に満足してしまっている（あるいは疑問を感じていない）女性に対しては、「意気地」を見せてほしいと訴えかけている（たとえば広岡、１９１７ｂ）。

この思想は、言説のみならず浅子の実際の活動にも表れている。たとえば、愛国婦人会大阪支部の活動において浅子は、従来の婦人会の活動が女性への寄付を主とした援助活動であり、これでは女性の自立を促さないと課題提起した。そして、職業訓練等による女性の経済力や生活力を強化する活動に主眼を変えた。これは、性差にかかわらず精神的・社会的な自立を重視する浅子の思想を体現したものと解される。

さらに、浅子は自立した個人が自らの長所を発揮しながら社会に貢献することが、社会の健全な発展には必要であると主張している。浅子は、外交においても男性の視点と女性の視点は異なることを指摘し（広岡、１９１１）、長期的な国家の発展を考えた場合には両者の視点が必要であるとしている。また、弁護士の業務を例にとり、男性が女性を弁護することと女性が女性を弁護することでは、アプローチと意義が全く異なることを指摘し、同じ職業であっても両者が社会に必要であるとしている（広岡、１９１５）。

そして、個人の長所の発揮が社会の発展に結びつくためには、個々人が与えられた社会的な使命と責任を実感し、その実現に強い気持ちで奉仕する姿勢（浅子の言葉を借りれば、「犠牲的な精神」）を持つことが大切であると説いている。少し誤解を恐れずにまとめれば、自立した個人が社会に貢献しようとする強い意志のもとで、それぞれの特性を発揮しながら社会に貢献する（そして、それが可能である）社会が、浅子の理想とした社会像であると推察できる。

もちろん現代の視点から見た場合、浅子の主張には「女性らしさ」や「男性らしさ」に関する儒教的な先入観が垣間見れる。しかし、この主張が冒頭で述べた明治時代の社会において指摘されていることを考慮した場合、浅子は現在のダイバーシティ社会に相当する社会を描いていたと推察される。また、個人が社会に貢献することを自明の義務として位置づけるなど、きわめて儒教的要素を持ちながら多様性社会の在り方を説いている点は、共同体主義の特色を色濃く残しながら、社会のダイバーシティを目指す現代の日本にとっても学ぶべきところが大きいと筆者は考える。

4．浅子の経営観

（1）浅子の説く商業倫理

本項では、浅子の言説から商業倫理や事業経営における信念について語った内容を分析し、彼女の経営観について考察していきたいと思う。浅子は商業の本質や事業経営の在り方についてもいくつかの言説を残している。

まず、浅子は商業と道徳の在り方を説くうえで、道徳と経済の両立が重要であることを指摘する。彼女は人にとって道徳が重要であることは自明としながらも、道徳の実践には経済が不可欠であり、経済と一致してこそ道徳は堅固なものになることを指摘する（広岡、１９０８）。むしろ、経済と一致しない道徳は偽善とまで指摘する言説も存在する。ただし、江戸時代から続く儒教的な美観を基にした営利行為を否定的に捉える社会的風潮に対しては、大きな課題があるとの立場をとっている。

浅子は儒教的な美観を色濃く反映した日本の武士道教育を例にとり、武士道教育は特有の美徳を学べる一方で、金銭を卑しいものと認識させてしまう大きな欠点があると指摘する。そして、どのような活動（たとえば政治や慈善事業など）を行うに際しても経済的観念（つまりは金銭に関する思考）は不可欠であるにもかかわらず、武士道教育の結果として経済的観念を持ち得ていないリーダーが世の中に多いことは、社会の発展を妨げると警鐘を鳴らしている（広岡、１９０４）。道徳的行為は実践してこそ意味があり、実践するためには経済的観念が不可欠であるとする考えは、浅子の商業倫理における重要な要素である。

次に、浅子は商業の終極的な目的は社会の発展に寄与することであるとの考えを示している。彼女は、自身が長らく事業家として活動してきた動機について、当初は家業の存続が主な目的であったことを認めながらも、終極的には家族のためならず公益（社会、国家、婦人）のためであったと振り返っている（たとえば広岡、1909b）。さらに、晩年はアメリカの経営者であるハインツやカーネギーの慈善事業を例に挙げ、経営者は個人や家族のためではなく、公益のために営利行為を行う姿を見習うべきとしている（広岡、1918）。

また、浅子は公益とは誰のための利益かという点においては、政府や国家よりも社会市民を重視していたことがうかがえる。浅子は、自身の書簡においてて自社の主義を平民主義であると明言し、従業員がこの主義に共感してくれることを期待している。さらに、官僚主義的な思考や言論に関してはむしろ否定的な意見を述べている。

これらの思想は、その言説のみならず浅子の経営者としての活動から見て取れる。詳細は後章で述べるが、たとえば浅子が当時リスクの高かった生命保険事業にあえて参入を決意した理由は、事業利益のためではなく、「社会公益のため」であったことが指摘されている。実際に浅子が設立に大きくかかわった大同生命の社是は「加入者本位」と「堅実経営」であり、彼女が公益として社会市民の利益を重視していたことを表している。

まとめれば、浅子の商業倫理は道徳の重要性を認めつつも、営利行為を卑しいとする儒教の見解に対しては批判的である。むしろ道徳と経済が相成り立ってこそ、望ましい世界が存在するとする。この考えは、同時代に活躍した渋沢栄一が提唱した道徳経済合一論に近い立場といえる。また、経営の目的を家業の存続を重視しながらも、終極的には公益の増大であることを説いている。この点も公益を商業の目的としている渋沢の思想と親和性が高い。両者の思想的な影響は不明だが、同時代に活躍した渋沢栄一と広岡浅子の説く商業倫理に親和性が高い点は興味深い。

（2）貫徹と道理の経営

浅子の経営哲学を端的に述べれば、納得するまで論理的に突き詰め、確信を得たら目的を貫徹するというものになろう。「隣の鉱区が盛んなるに、わが鉱区のみ奏功しない道理がない」は浅子が、一度失敗した石炭事業を再開する際に述べた言葉であると伝えられる（佐瀬、1900）。この〝道理〟という言葉は、一般的に「論理的な筋道」を示す意味があり、浅子は経営においてこれを重視していたことがうかがえる。

晩年にキリスト教に帰依する際も、加島屋の経営について意思決定をする際も、浅子は自分が納得を得るまで（つまりは論理的な筋道に共感を得るまで）議論をしていたことは、さまざまな彼女のエピソードから垣間見れる。また、従業員の人材育成においても「物事を順序だてて理解する力」を大切にしていることが、彼女の書簡を通じてうかがうことができる。

そして論理的な筋道を通じて確信を得た際には、それをどのような困難があろうとも貫徹する姿勢も、浅子の経営者としての活動から見て取れる。浅子は、経営において大事なこととして「確信をもって始めたことであるのならば何としても、やり抜く信念が重要である」と説く。絶対に意を変えないで貫徹する姿勢（浅子はこれを「背水の陣法」と語る）は、浅子の経営者としての行動や社会貢献の活動において幅広く確認できる。

先述した炭鉱への参入も、社内の他の首脳陣が反対しても浅子が突き通して行ったとされている。また、自身が身を投じた女子大学設立がうまくいかない際も、女子大創設の同志である成瀬仁蔵宛てに「私は何事を持っても意を変えることはできない気性であることはご存じですよね？」と伝え、初志貫徹の意を示す書簡が残っている。そして、その書簡どおりに彼女は大学設立を実現した。なにより、彼女が晩年に自ら名乗った「九転十起生」というペンネームには、決してあきらめない初志貫徹を重視する彼女の経営哲学が表れている。

（平野　琢）

書斎の浅子
広岡浅子の学びを重んじる姿勢は
終生変わらなかった。
写真提供：大同生命保険（株）

【コラム２】 広岡浅子と日本女子大学 ～女子の高等教育に何を期待したのか

広岡浅子は自らについて「私の過去は全く家の犠牲だつた。私個人としては不幸な淋しいものです」と日本女子大学の卒業生である福島貞子に語っている（福島、１９１９）。この発言からは、男女が不平等で、女子の高等教育が困難であった時代に生まれた悔しさが伝わってくる。また、新聞・雑誌等への寄稿文や関係記事からは、その悔しさをはね返す活躍の一端を知ることもできる。ところで広岡が残した資料の一つに、日本女子大学成瀬記念館が所蔵する書簡があるが、彼女の書簡は簡潔で無駄がない。さらに浅子が大学校で講話をした際の文章などにもその特徴が表れており、彼女が何を大学校に期待したのか、その思いの深さを知ることができる（日本女子大学成瀬記念館、２０２０）。

たとえば「余と本校との関係を述べて生徒諸氏に告ぐ（明治三十六年二月講話）」（広岡、１９０３）では、「男女は脳力や胆力に於ては各別の相異はありません、否女子は男子には左程劣らないと思ひました」と述べ、さらに女性も「社会を形成する一員」であり「人として教育せぬことは間違でしょう」とその思いを伝えている。ちなみに１８９５（明治28）年ごろ、日本女子大学の創設者成瀬仁蔵が「或人の紹介」で広岡家を訪ね著書『女子教育』を献呈、学校設立への賛助を依頼したようであるが、浅子がこの本を読んだのは九州での炭鉱事業に邁進中の時で、その際3回も読み、「感涙止まなかった」と書き残している。そして「此の人こそ真に女子教育を托すべき人、又自分の希望する女子を養成することの出来る方と信じました」とも記し、成瀬や麻生正蔵の努力に「言葉にて尽すこと」はできないとその感動を綴った。

また開校（1901年）後もしばしば大学校を訪れ、授業を受けたようで、かなりの数の寄稿文等を残している。たとえば「余は女子大学講義を如何にして学びつ、あるか」（広岡、1909b）では、浅子を紹介する前文で、明治維新後「一家の浮沈をその両肩に担ひて憤然起つて事業界に身を投じられたり」と記されている。広岡家の存亡の危機に、浅子の能力が発揮されたようで、炭鉱の新規事業や広岡家が所蔵していた文化財資産の処分等により、1880（明治13）年以降、経営を立て直すことができたという。またその報償として、浅子に多額の資産が贈呈されたが、その後浅子は日本女子大学の創設（1901年）に貢献し、大学校の授業聴講、さらに女性の起業支援等社会活動を行うようになり、キリスト教も受洗している（広岡、1909b）。

また浅子は、右のような後半生に多くの力強い文章を残しており、「余が不老の元気は何に因りて養はる丶か」（広岡、1909a）や「余は女子大学講義を如何にして学びつ、あるか」

（広岡、１９０９ｂ）などには、学問をする自由を手に入れた喜びが記されている。浅子の人生にとって、学ぶことは精神の自由を獲得するうえで最大の幸せであったのだろう。しかしこうした浅子に対し、平塚らいてうの批判と拒絶は相容れるものではなかった。平塚は次のように書き残している（平塚、１９７１）。

> 不愉快なことで印象に残っている人に、関西の銀行屋、加島屋の当主夫人で、女の実業家として　当時知られていた広岡浅子という女傑がありました。学校の創立委員としてたいへん功績のあった人ということですが、熱心のあまりでしょうが、ガミガミ学生を叱りつけるばかりか、校長にまでピシピシ文句をつけたりします。ある日家政科の上級生に対して、実際生活に直接役に立たないような空理空論は三文の値打ちもない、あなた方はもっと実際的であれというようなことを自分の手腕に自信満々という態度で、押しつけがましく、いかにもせっかちそうにしゃべっているのを聞いてからは、いっそういやな人だと思うようになり、とても学校、また女子教育の恩人として、尊敬したり、感謝したりするような気にはなれないのでした。

こうした反応の背景には、自信満々の広岡の個性への嫌悪があり、あたかも関東対関西の文化的差異があるようにも思われるが、むしろ二人の感性の差異があったのかもしれない。またこうした浅子に対して、成瀬自身もやや持て余し気味だったのか、結局大阪教会の宮川経輝牧師に「此のお婆さんはどうも仕方がない、君教育してくれんか」（広岡、1919a）と頼まざるを得なかったようで、その結果であろう、広岡は1911（明治44）年に大阪教会でキリスト教を受洗、持ち前の熱心さで、宮川の伝道にもついて行くようになる。

また明治期の女性ジャーナリストのパイオニアである小橋三四子（1883（明治16）年～1922（大正11）年）は、1914（大正3）年に『読売新聞　よみうり婦人付録』の編集主任となるが、男性中心のジャーナリズムのなかで苦労したようで、浅子の支援により、その後『婦人週報』の編集に活躍の場を移すことになる。

ちなみにこうした支援を続ける広岡は、女性が社会的、経済的な力をもつことにより、その地平を開くことができることを確信していたと思われる。そしてこの強い思いを胸に、女子大学校の支援者（絶対的支援）となったのであろう。その生き生きした姿は、日本女子大学成瀬記念館が編集刊行した「日本女子大学成瀬記念館所蔵　広岡浅子関連資料目録（第2版）」（日本女子大学成瀬記念館、2020）や日本女子大学文学部史学科が編集した『大同生命保険株式会社寄附授業―演習（史料演習）―廣岡浅子関係記事一覧（改訂版）』（日本女子大学文学部史学科、2020）に見ることができる。

また、こうした広岡の姿を見続けた小橋三四子は、広岡の死去に際して次のようなコメントを残している。「廣岡浅子刀自は、日本婦人界の恩人のみならず、実に本誌の基礎を置いて下さった恩人…まだ世間に信用のない一婦人の編者に、莫大の保証金と資金とを投じて下さつたのは、刀自でありました。しかも日頃少しも此事業に干渉がましい事をなされずに、自由に任せて下さつたのは、何よりも有難いことでした」とその感謝の気持ちを記している（広岡、1919b）。こうした記述からは、広岡が若い世代に対し、新しい時代への希望を託していたことがわかる。しかしペンネーム「てい子」は彼女に対するコメントで、「私の眼に映つた広岡様は、決して世間並の可愛らしい老婦人ではありませんでした。いつも洋装で堂々と講堂の演壇から私達を眼下に見下して、矢釜しいことばかり云つてお出でゞした…地位と門閥と金力とを其高い鼻の先にひけらかす、至つて好かない老婦人でした。思つた事は誰の前をも憚らない…どれ丈け敵が多かつたか察するに困難でありません」と述べており、個性の強い広岡に辛辣な評価を下している（ていこ、1919）。ともあれ浅子のこうした強さも与って、女性の権利の拡張への道の一つが開かれたのであり、成瀬はそのことの意味を理解していたのではないだろうか。

（吉良芳恵）

Ⅱ

広岡浅子の女性活躍社会構築への情熱

【第3章】広岡浅子の「女性の社会的地位の向上」の願いと現在～ジェンダー平等の視点から

1．浅子の女性への思い

広岡浅子は、成瀬仁蔵の「女子を人として教育すること、女子を婦人として教育すること、女子を国民として教育すること」を三本の柱とした『女子教育』に出会い、深く感動し、政財界の人を巻き込みながら、成瀬の女子大開校などを支援している。

浅子の女子教育支援の背景として、浅子は女性への思いについて、『一週一信』、『婦人週報』、『婦女新聞』、さらには日本女子大学でさまざまに語っている。いくつかのキーワードに沿って整理してみよう。

・女性の経済力が乏しいことについて

女性が「男子の世話になり、自分一己では生活して行く事もできない」と当時の女性の地位が低いことに不合理を感じ、女性に必要なのは「職業であり、独立自営の精神を養成しなければならない」と語る。

・女性の学びについて

13歳のときに読書を禁じられながらも読みたいものを読み、結婚後は簿記法などを独学で学んでいる。「女子といえども人間である。学問の必要がないとの道理はない」と語る。

・女性の社会の一員としての責任について

「女も人であれば社会を形成する一員」、「女性が国家の大勢を知らずしては国が立ち行かない」と主張する。

浅子の女子教育への貢献の概要は次のとおりである。

・日本女子大学への支援については、生家の三井家とともに物心両面から支援している。具体的には創立者の成瀬とともに発起人としての創立運動、創立5年後の夏季寮である三泉寮設立をリードし、名誉寮監を努めている。さらに、第1期卒業生が設立した桜楓会を経済的精神的に援助するための桜楓会補助団発起人ともなっている。

・愛国婦人会大阪支部の授産事業については、当時の女性が持つ「裁縫」の技術を事業に活かす環境を整備し、文字を知らない女性や子どもに対し、就業前に国語や算数や道徳を教える時間を作っている。

・実業界引退後、静岡・御殿場の別荘で「夏期講習会」を開催している。なお、参加した若い女性がのちに政治・教育・文学などの分野で日本を代表する女性として活躍している。

浅子は、これらの活動を通して、当時の女性の窮状を憂いながらも女性を鼓舞して女性のみならず、男性を、社会を変えていくことを強く願う発言を繰り返している。その願いは究極的には「女性の社会的地位の向上」であり、そのために女性の「経済的自立」と「社会の一員としての責任を果たすこと」を願っていたといえるだろう。

2024（令和6）年の現在、浅子が生まれて175年、逝去して105年の長い時を経て、日本の女性をめぐる状況は変わっただろうか。女性は「経済的自立」や「社会の一員としての責任」を果たせるようになっているだろうか。本章では、「女性の社会的地位の向上」のために、女性の「経済的自立」と「社会の一員としての責任」を目指した浅子の願いに焦点をあて、社会的・文化的な性である「ジェンダー平等」の視点で検討する。「ジェンダー平等」は、単に男女の平等を意味しない。「責任や権利や機会を分かち合うこと、あらゆる物事を一緒に決めてゆくこと」（内閣府男女共同参画局『みんなで目指す！　SDGs×ジェンダー平等』）であり、それは浅子の願いの源と考えるからである。

ここで、ジェンダー平等についての日本の現在の状況を確認すると、世界経済フォーラム（以下、ＷＥＦ）が発表した２０２３（令和５）年のジェンダーギャップ指数によると、１４６か国中１２５位であり、前年調査（１１６位）より順位を下げて過去最低となっている。ジェンダーギャップ指数とは、各国における４つの分野を、０が完全不平等、１が完全平等として男女格差を測るもので、２００５（平成17）年から毎年公表されている。日本の分野別の順位は下記のとおりであり、「教育到達度」と「健康と生存率」は比較的平等を実現している一方、「経済参画」と「政治参画」はかなり低い順位である（**図表３−１**）。

図表３-１　ジェンダーギャップ指数125位の分野別指標（2023年）

分野	スコア	順位
経済参画	**0.561**	**123位**
労働参加率の男女比	0.759	81位
同一労働における賃金の男女格差	0.621	75位
推定勤労所得の男女比	0.577	100位
管理的職業従業者の男女比	0.148	133位
専門・技術者の男女比		−
教育到達度	**0.997**	**47位**
識学率の男女比	1.000	1位
初等教育就学率の男女比	1.000	1位
中等教育就学率の男女比	1.000	1位
高等教育就学率の男女比	0.976	105位
健康と生存率	**0.973**	**59位**
出生時性比	0.944	1位
健康寿命の男女比	1.039	69位
政治参画	**0.057**	**138位**
国会議員の男女比	0.111	131位
閣僚の男女比	0.091	128位
最近50年における行政府の長の在任年数の男女比	0.000	80位

出所：WEF「グローバルジェンダーギャップ報告書2023」より作成

次節以降、まず現在の女性の「経済的自立」および「社会の一員としての責任」についての現状を確認し、さらにその背景にある「教育」について考察し、浅子の「女性の社会的地位の向上」の現代的意義を見出すことにする。

2. 女性の「経済的自立」の現状と課題

「男女共同参画白書令和5年版」（以下、白書）から、女性の「経済的自立」についての現状を確認する。

●就業率・雇用形態

女性の就業率は上昇してきており、結婚や出産を契機に仕事を辞める人は減ってきている。かつて、女性の年齢階級別労働力人口比率は25～29歳および30～34歳を底とするM字カーブを描いていたが、2022（令和4）年ではカーブが浅くなり、台形に近づいている。しかしながら、女性は35～44歳以上で、若い年代（25～34歳）と比べて非正規雇用割合が上昇する傾向が長らく続いている。

●就業継続率

子どもの出産前に就業していた女性の就業継続率は上昇傾向にあり、2015（平成27）年から２０１９（令和元）年に第一子を出産した女性では69・５％である。しかし退職した女性が30・５％も存在している。

●収入

女性の平均給与（実質）は男性と比較して低く、この30年間横ばいで推移している。男性と女性の平均給与の差に着目すると、差が最も大きかったのは１９９１（平成３）年で、45～54歳においては約４５２万円の大きな開きがあった。２０２０（令和２）年においても同年齢層で約３１８万円の差があり、賃金格差は解消されないままになっている（**図表３-２**）。

これらの結果から、女性の「経済的自立」については就業の機会という意味では達成しつつあるが、就業継続率、非正規雇用が多く、収入が少ないという実態がわかる。女性が生涯にわたって安心して暮

図表３-２　男女別年齢階級別平均給与差推移

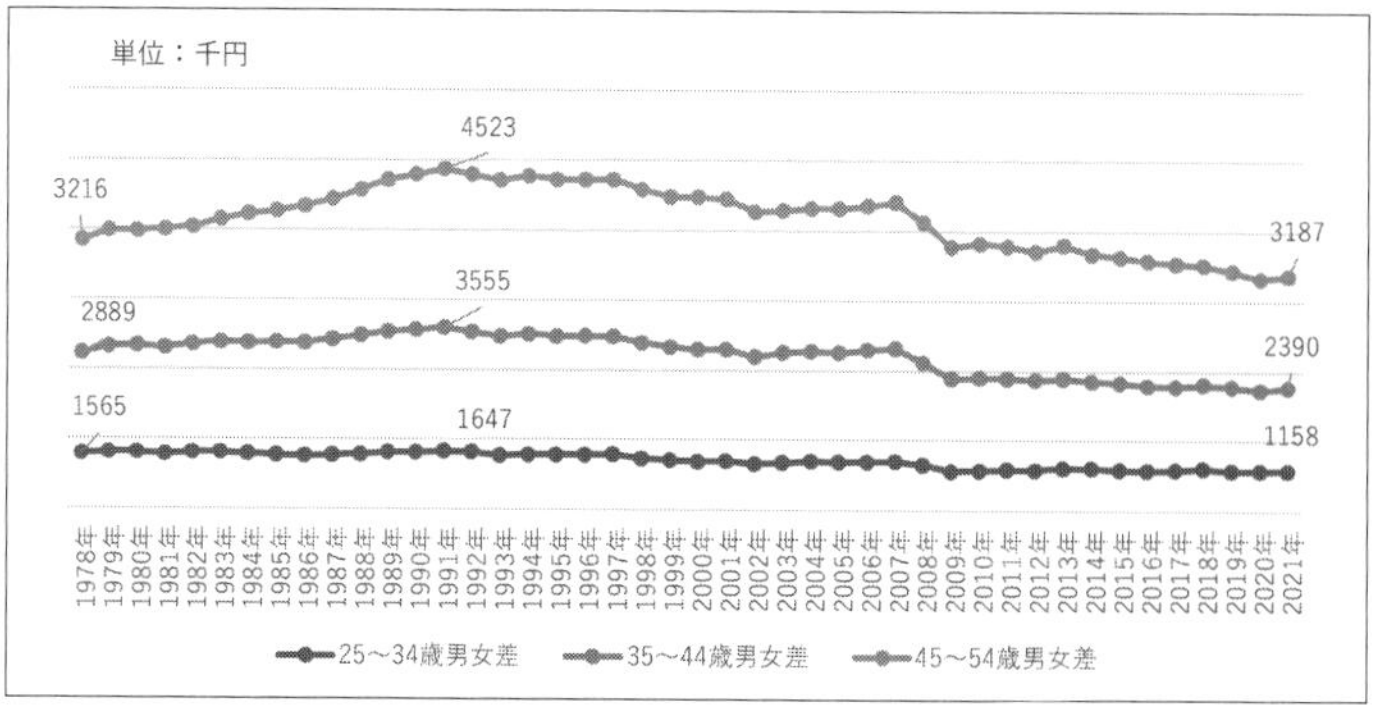

出所：「男女共同参画白書令和５年版」「特－４図　平均給与（実質）の推移」のデータをもとに筆者作成

らしていける経済的自立が確保できているとはいいがたい状況にある。２０２３（令和５）年ノーベル経済学賞を受賞したゴールディン氏はインタビューで男女間の賃金格差が生じる要因として、日本女性の労働時間が短いこと、背景に日本の女性雇用はパートタイムに偏ることを指摘している。

3.「社会の一員としての責任」の現状と課題

社会の一員としての責任について、それを測る確定した指標は存在しない。そこで、社会のなかで営む活動を、経済や政治、さらには地域や家庭などに分けて見てみよう。

●経済分野での責任

経済分野への参画は自立の要素でもあるが、同時にその参加の実態は企業や社会への影響力に関わり、ひいては社会の一員としての責任にも関わってくる。

白書によると、「企業の労働者のうち役職者」に占める女性の割合は、上位の役職ほど女性の割合が低く、２０２２（令和４）年は、係長級24・１％、課長級13・９％、部長級８・２％である。また起業家に占める女性の割合は、２０２２年は27・７％と報告されている。

●政治分野での責任

政治分野への参画は、政治に民意を反映するためには極めて重要である。内閣府男女共同参画局の「女性の政治参画マップ２０２２」によると、国会議員の女性比率は衆議院９・９％、参議院25・８％、世界の女性議員の平均では、下院または一院制議会で26・４％、上院で25・７％となっており、日本の衆議院の女性議員比率は１６４位と絶望的な低さである。

●持続可能な社会への責任

浅子は、女性が世界情勢について発言がないことを嘆いていた。現代においては、持続可能な社会への脅威が大きな問題となっていることから、個人の責任としての「エシカル消費（倫理的消費）に関する行動」を見ることにする。「エシカル消費に関する消費者意識調査」（消費者庁、２０２０）において、エシカル消費を実践しているのは、男性32・６％、女性39・３％であり、女性のほうが男性より実践率が高い。

●家庭生活の責任

家庭生活は夫婦・親子などが生活をともにする場であり、子育て・介護、生活や文化の継承、さらには心の安らぎの場でもあり、社会の活動にも深い影響力を及ぼす。そこでの家庭生活の責任を男女の労働の実態から見ることにする。白書によると、週全体平均一日あたりについて、無償労働時間は、男性41分、女性２２４分（男女差は１８３分）、有償労働時間は男性４５２分、女性272分（男女差は180分）であり、諸外国に比べて無償労働時間が女性に、有償労働時間が男性に偏っており、家庭生活の無償労働を女性が担っていることが見えてくる。これらの実態は女性の社会での活躍、男性の家事・育児への参画を阻害する一因になっている可能性があり、経済や政治分野でのジェンダー平等を阻む要因になっていると指摘されている。

これらの結果から、「社会の一員としての責任」のうち、経済、政治分野については、残念ながらいずれも女性が責任を果たす状況になっておらず、浅子の時代からの変化はほとんど見られない。他方、持続可能な社会への責任については、女性のほうが男性より責任を果たしているといえる。また、家庭生活においては女性が大きな責任を果たしており、浅子の時代は女性が家庭での責任を果たすことを当然視していたことからその負担の大きさは問題にならなかったものの、理念上男性も女性も等しく責任を負うべきとされている現在においては、むしろ男性の責任の負い方が問題になる。

4．ジェンダー平等と女子教育

これまで、女性の「経済的自立」と「社会の一員としての責任」についての実態を見てきたが、そこにはさまざまな男女格差があることがわかった。これらの背景や要因は日本社会の経済、文化、伝統等さまざまであるが、本項では「教育」に絞ってジェンダー平等について検討する。「教育」を取り上げる理由は、２点ある。

●教育、特に学校教育は自己形成のベースとなる重要なものである

浅子が女性の課題の解決について「教育」に貢献してきたことが現代にどのように発展したかの確認が必要である。

●「教育」そのものにジェンダー平等から課題があるとの指摘がある

「教育」は基本的に平等が実現していると信じられてきた。しかし、２０１８（平成30）年に東京医科大学で発覚した不正入試問題では本来合格できたはずの女子が不合格扱いになっており、その後の文科省の調査でも類似の入試不正が複数の大学で行われていたことがわかった。

このような女性への不利益扱いは「大学の入試よりはるかに早い段階から始まっている」、「高校までの学校教育や家庭内にはジェンダーに基づく選抜プロセスが埋め込まれており、そこを是正しなければ教育におけるジェンダー公正社会は訪れない」（中西、２０２１）とも指摘されているのである。

（1）学校教育制度とジェンダー

明治になって学制が発布（1872年）され、近代的学校教育制度が整ったとされるが、受けられる教育は性別によって大きく異なり、女性が男性と同様の教育の機会を阻害されていたことを背景に女子大学が開校されていく。浅子が強力に支援した日本女子大学校（1901年）もその一つである。

戦後になってようやく、男女平等を原則とする教育改革によって大学が女性に解放され、女性の「経済的自立」の足がかりとなったといえる。また女子大学は、かつて性別役割分担を前提にした良妻賢母型が多く見られたが、現在の女子大学は、共学化や学部学科の再編などの改革を進め、さらには社会でリーダーシップを発揮できる女性を育成するなど女子大学の意義も役割も大きな変化を遂げている。

（2）高等教育就学率の課題

WEFのジェンダーギャップ指数では「教育到達度」が比較的高い順位であるのに、なぜそれが経済や政治の分野での女性の活躍につながらないのかという疑問があり、そもそも「教育」に課題があるのではないかと考えられるようになってきている。そこで「教育到達度」の内訳を詳しく見ると、初等・中等教育は完全平等を達成し、順位も1位であるのに対して「高等教育就学率の男女比」は１０５位である。しかし「高等教育就学率」のスコアは０・９９７で完全平等に近い。それではなぜ順位が低いのか。これは先進国がほとんど達成済の課題であり、相対的に日本の順位が下がる要因となっているからである。世界では１９７５年の国際女性年以来、固定的な性別役割をなくしていくことが国際的なコンセンサスとなっているにもかかわらず、日本では制度上の男女平等が実現されてもなお、ジェンダーバランスが改善しないという課題を抱えているといえるだろう。

「高等教育就学率」には大学のほか、短期大学や大学院も含まれており、白書によると、日本の大学の女子の在籍者数は、学部は45・7％、大学院は32・8％であり、特に大学院進学ギャップが大きい。また、男女の専攻分野の選択についてもジェンダーギャップが見られる。白書によると、工学および理学における女性割合は依然として低く、ＳＴＥＭ（科学・技術・工学・数学の頭文字からなる造語）分野に占める女性割合は、ＯＥＣＤ加盟国の中でも低く、女性の理工系人材の育成が極めてアンバランスである。今後特に需要が高まると想定されているＳＴＥＭ人材について、理工系が男性に偏ったままであることが、男女の賃金格差をさらに広げていく懸念もある。

（3） 教育に潜在するジェンダーバイアス

日本では1990年代後半以降になって、大学進学率の男女差が縮まっており、女子の4年制大学への進学が主流化してきた。しかし、他の先進諸国では女子は男子より進学率が高いこと、日本では女子の大学院進学率が低いことなどから、教育においては未だ男性優位にあるといえる。その要因として、卒業後において、男子には稼得能力への期待、女子には家事・育児役割の期待などが伝達され、教師のアンコンシャスバイアスによる指導、ジェンダー化された社会の規範や価値観が伝達されていると指摘される。

また、白書によると、教員に占める女性の割合は、教育段階が上がるほど、また役職が上がるほど低くなり、特に、中学校および高等学校の校長に占める女性の割合は1割未満などの実態があり、女子学生にとってはロールモデルが少なく、妊娠・出産等ライフイベントを通してキャリアアップのイメージができないなどの問題も指摘されている。

5．女性の「経済的自立」と「社会の一員としての責任」への課題とその解決

これまで女性の「経済的自立」と「社会の一員としての責任」について、その実態と課題を確認し、さらに「教育」との関わりについて考察してきた。

ここで、これまで述べてきた課題を整理し、その解決について考えたい。

①教育等広く社会におけるジェンダーバイアスの抜本的解決へ

性別の壁をなくすには、実態の改善だけではなく、教育がカギを握るといっても過言ではない。現在、学校教育については、ジェンダーバイアスの問題をなくすための教科書の見直しや教師に対する「指導者用啓発資料」の活用などさまざまな取組みが進められている。しかし、長らく日本社会に根づく性別役割分担意識や実態の改善のためには抜本的な変革が必要であろう。海外では、イギリスがジェンダーレスを目指した平等法の制定（２０１０年）によって性別だけで判断したり、強要したりする指導が違法とされたり、スウェーデンでは、１９９８年ジェンダーの社会問題も解決に向けた教育法が改定されるなどの事例も参考になる。

また、ジェンダー平等教育は学校教育以外にも、家庭、企業、地域など社会全体で進めていくことや、実態上のジェンダー平等を阻害する事例をなくしていくことも必要であり、社会全体での対策も求められる。

②ジェンダー平等と「自立」との関係を見直し、それぞれが支え合う共生社会の実現へ

「自立」は女性の問題とされるが、本当にそうなのか。女性の「経済的自立」には課題があるが、そもそも「自立」は、「経済的自立」以外にも「生活的自立」、「社会的自立」、「精神的自立」、「性的自立」があるといわれる。特に男性の家庭生活における負担の少なさを考慮すると、男性の働き方に加えて「生活的自立」が問題になる。私たちは一人では生きられない。個人それぞれの状況に合わせて、他者を支え、かつ支えられるという共生社会・共助社会を目指す必要がある。問題は、個人個人が他者をかけがえのない個人として尊重するという人権の考え方をベースに社会全体の仕組みを作っていくことがジェンダー平等の解決に重要であろう。

おわりに

浅子の希求した女性の「経済的自立」と「社会の一員としての責任」はいまだ道半ばである。吉良氏は「現在も女性の『生きづらさ』が完全になくなったわけではない」が「女性一人ひとりの努力の上に現在の我々がいることを再認識」する必要があるという。現代に生きる私たちは浅子の奮闘を思い起こし、未来世代に何を伝えるのか、残すのか、変えていくのかが問われている。

（古谷由紀子）

【コラム３】　明治に挑んだ女性たち

日本の歴史において「激動の時代」はいくつもあるが、現代の人々の認識が一致するのは「幕末から明治」と「第二次世界大戦の戦前から戦中・戦後」であろう。本稿では「幕末から明治」に焦点を当て、大阪の豪商を切り盛りして大同生命を興すとともに、女子教育にも心血を注ぎ、近代日本の女性実業家の先駆者とされる広岡浅子とともに、同じく幕末に生まれ女子英学塾（現・津田塾大学）を創設し、女子教育の先駆者となった津田梅子、そして日本最初の女子留学生の一人として米国で学士号を得た後、華族夫人として社会福祉に貢献した大山捨松（山川咲子）について、ＳＤＧｓの目標５「ジェンダー平等の実現」と「女性活躍」の視点から考察する。

幕末期に生を受けた広岡浅子（１８４９～１９１９）の足跡については、各章でさまざまな視点から考察しているが、２０２２（令和４）年に創業１２０周年を迎えた大同生命の社員の名刺の裏面には、浅子の肖像と時代の先駆者を称える文言が記されている。社長等の公的な職位に就くことはなかったが、浅子は鈴木よね（鈴木商店主人）や峰島喜代子（尾張屋銀行の創設）らとともに、明治の代表的女性実業家に名を列ねている。それと同時に、日本女子大学の創設と発展に寄与していることにも注目したい。なお、浅子は２０１５（平成27）年度後期のＮＨＫ連続テレビ小説「あさが来た」のヒロインのモデルになっている。

若き日の広岡浅子
写真提供：大同生命保険（株）

広岡浅子の15年後に生まれた津田梅子（１８６４〜１９２９）は１８７１（明治４）年、満６歳の時、岩倉使節団に随行する女子留学生５名のなかの一人に選ばれ、米国の教育のもとで育った。父、津田仙は、下総佐倉藩出身の幕臣で維新後は北海道開拓使で嘱託となったことが、少女の人生の転機となった。仙には洋行経験があり、女子教育の重要性を明治新政府に説いた北海道開拓次官黒田清隆が企画した米国女子留学生の募集に娘を応募させ、見事合格を勝ち得たのである。

梅子は米国の知人の家に預けられ10数年を過ごし、英語に加えて、ラテン語やフランス語を習得するとともに、英文学のほか自然科学や心理学そして芸術などを学ぶ。またキリスト教の洗礼を受けている。

１８８２（明治15）年11月、満17歳の時に11年ぶりの日本に戻ったものの、女子留学生が活躍できる職業分野は乏しかった。帰国した翌年、梅子は知人の下田歌子（華族女学校教授・学監）から日本語を学びながら、彼女の経営する桃夭（とうよう）女塾などで英語教師を務めた。梅子は華族女学校でも３年間教えたが、上流階級の気風になじめなかったと伝えられる。再度の米国留学からの帰国後の１９００（明治33）年に女子英学塾を創立し、女子高等教育の先駆者となった。そこでは、華族・平民の区別のない女子教育を志向している。２０２４（令和６）年には梅子の肖像が使用された５千円紙幣がお目見えする。

広岡浅子の11年後に生まれた大山捨松（１８６０～１９１９）は、会津藩家老の家に生まれた。結婚する前の名前は山川咲子だった。戊辰戦争では会津城にたてこもり、弾薬の弾づくりや負傷した会津武士の手当てにあたった。捨松（咲子）11歳の時、岩倉使節団に随行する女子留学生の募集が行われた際、家族は家名の再興を学問に懸け、米国留学生として送る決断をする。この時母から送られた名前が「捨松」で、「捨てたつもりで待つ」という思いがこめられていた。

捨松はニューヨーク州の名門女子大ヴァッサー大学に入学し、英語、フランス語、

津田梅子
写真出所：国立国会図書館「近代日本人の肖像」
（https://www.ndl.go.jp/portrait/）

政治学、自然科学などを学び、1882（明治15）年11月、22歳の時に津田梅子らとともに日本に帰国した。

文部省からは官立「東京女子師範学校」での教育の依頼があったが、日本語での講義が難しいことから断念している。その後、政府高官であった大山巌と結婚し、鹿鳴館の華として活躍した。

賢妻として捉えられがちだが、梅子が創設した「女子英学塾」の設立に支援を惜しまず、顧問に就任して資金集めに尽力したほか、留学時代の友人を女子英学塾の講師として招くなど裏方として大きな貢献をしている。また無料の託児所など、社会福祉施設の建設にも尽力した。

この3人には多くの共通点が見いだせる。

①信念を貫く明るさと強さ
浅子は子どもの頃より男兄弟が学ぶ漢籍に強い興味を持ち、結婚した後は独学で簿記や算術を学び、後の事業経営に活かした。梅子と捨松は、元々自身が持っていた考えが11年間の米国留学で確固たるものになったと見ることができる。そ

大山捨松
写真出所：国立国会図書館「近代日本人の肖像」（https://www.ndl.go.jp/portrait/）

れは、共通の親友である教育者アリス・ベーコンの「差別には一切反対」という言葉に端的に示されている。

②キリスト教の影響からの国際性

浅子と梅子は洗礼を受けており、捨松はアメリカでの留学生活で暮らしたベーコン牧師一家よりキリスト教の影響を受けている。浅子と梅子は、１９１２（明治45）年２月に日本基督教 女子青年会（ＹＷＣＡ）の中央委員に推挙された。浅子は、同年の夏に開催された夏期修養会での「基督教の教訓と婦人問題」と題する開会講演で、２２８名の参加者を前に「イエス様は性による差別を一切なさいませんでした。ですから私たち女はすべて男と同様に神さまの子供です」と述べている。捨松の社会福祉活動への献身も、米国で学んだキリスト精神が根底にあるのではないか。

③女子教育への信念

いずれも日本の女性教育の必要性を認識し実現している。社会で評価されない明治の女性たちに現状に迎合しないことを訴え、「社会の評価に固執するな」「迎合するな」「惑わされるな」との信念を貫いた。明治という時代に立ち向かった３人の姿勢こそ近代日本の礎になったことはまちがいない。梅子を助けた下田歌子にも共通する。

家父長制、良妻賢母、男尊女卑など儒学思想の価値観が浸透していた幕末に生まれ、激動の明治時代に挑み活躍した広岡浅子、津田梅子、大山捨松が自分の人生を全うしてから約100年が経過した現在、3人の魂を引き継ぐかのように女性の活躍がめざましい。一方、世界経済フォーラムの「ジェンダーギャップ報告書」（2023年版）で日本は政治分野で138位と低位置にある（第3章、図表3－1参照）。

「ジェンダー平等の実現」やSDGsの原点となる「戦争のない平和な社会の樹立」に向け、国家のリーダー層に女性の比率が上がることは重要である。国連の関連機関で働く日本人職員の6割は女性であり、世界的にみて女性比率が高い。国のリーダーである国会議員をはじめ、会社役員など社会の各分野での女性活躍を具体的に推進していくため、女性の割合をあらかじめ一定数に定めて積極的に起用する「クオータ制」の導入は浅子らが示した「負けない人生」からの教訓であり、時代の要請でもある。

（平塚　直）

Ⅱ　広岡浅子の女性活躍社会構築への情熱

【第４章】広岡浅子に学ぶ女性リーダーシップとダイバーシティ・マネジメント

広岡浅子について、大隈重信は「人生の艱難は浅子を玉成し、ついでに浅子をして希有の女傑たらしめたのである。浅子は女ではあるものの、恐らく三井十余家の人物中で最も秀でた人であろう」と称賛した（山口、２０１５、39頁）。この章では、男尊女卑の明治・大正時代に生きた浅子から学んだ女性リーダーシップとダイバーシティ・マネジメントについて考察する。

１．浅子に学ぶ女性リーダーシップ

浅子は、１８６５（慶応元）年、17歳のときに広岡家に嫁いでから、謡曲、茶の湯等の遊興に耽っている夫の信五郎の日常を見て、「永久に家業が繁昌するかどうか疑わしい。一朝事あれば、一家の運命を双肩に担って自ら起たなければならぬ」と決心し、その準備に努めた（広岡、２０１５b、14頁）。浅子は将来のリスクに備え、女性に学問は不要と読書が禁じられている時代に、独学で算術や簿記を学習し明治維新の動乱と危機の中で加島屋の事業を背負って立った。当時、大阪を代表する豪商だった加島屋は、経営危機に直面したため、浅子は嫁いだ広岡家の家業である加島屋の経営に参画し、さまざまな困難や失敗を乗り越えながら、加島屋を炭鉱、銀行、保険業など近代的な企業グループへと変貌させる中心的な役割を果たした。広岡家のために、浅子は１８８４（明治17）年頃炭鉱経営に乗り出し、１８８８（明治21）年頃加島銀行を設立、綿花の広岡商店を開業した。その後も経営手腕を発揮し、１９０２（明治35）年には、夫の信五郎、義弟の久右衛門とともに、大同生命保険株式会社を設立した。加島屋は当時、朝日生命（現在の朝日生命とは全くの別会社）を経営していたが、主に護国生命、北海生命との合併を通じて大同生命の設立に貢献した。

浅子の座右の銘は「九転十起」である。七転八起を超えて、たとえあと2回転んでも、決してあきらめずもう一度自分を奮い立たせるという決意を表している。浅子のチャレンジ精神と力強い生き方を表現した言葉といえるだろう。浅子は女子高等教育にも熱心であった。キリスト教徒の成瀬仁蔵と出会い、女子高等教育の必要性を説かれてから、浅子は女子大学の設立のために奔走した。その結果、浅子は政財界の有力者の協力を得て、１９０１（明治34）年の日本女子大学設立に尽力した。

１９０４（明治37）年に夫の信五郎が逝去したあとは、事業の経営を娘亀子の夫・一柳恵三に譲った。その後、浅子は大病を契機に１９１１（明治44）年のクリスマスに大阪教会で受洗したのち、ＹＭＣＡなどの伝道活動や女子が活躍できる社会のために尽力し、１９１９（大正８）年に亡くなった。洗礼から亡くなるまでの7年余りの間、浅子は、個人のことも家庭のことも、また社会のこともことごとく、キリスト教の教えにもとづいて女性の地位向上のために尽力した。

浅子が発揮したリーダーシップについて、次のように分析することができる。

（1）リーダーには夢がある

浅子はリーダーの条件として、「夢を語る人である」と述べた。「現代が現実を重んずるだけに、夢を見る人が必要である。夢をみなければ指導者たることはできない」（大阪企業家名言集、74頁）。現実が重視される現代こそ、夢を語り、その夢を実現するための道筋を思い描けることが真のリーダーであると浅子はいう。

夢とは、志であり、ビジョンである。浅子は幼いころから男尊女卑の社会に失望し、女性も男性と平等に人間として認められるべきだと考えていた。その思いがしだいに浅子の志、夢、そして生涯のビジョンとなった。

浅子には加島家の復興と女子高等教育推進という夢があった。１９０２（明治35）年のアメリカの新聞雑誌フィラデルフィアプレスの記事によると、浅子は女子教育に尽力し、１８８８（明治21）年に加島銀行を開設した際には、教育を受けた女性職員を雇用した。浅子は女子教育のみならず、女性の社会進出も推進していた。記事の中で浅子は、「有名な加島銀行の創業者かつ実質的経営者であり、日本における炭鉱事業のパイオニアの一人である」と評されている。

女性実業家やパイオニアとして炭鉱、銀行、保険などの新規事業に着手した浅子は、女子高等教育の普及にもチャレンジした。女子教育に目覚めたのは、前述のように成瀬仁蔵の影響を受けたためである。浅子は１８９６（明治29）年、48歳の時に、キリスト教信者の仁蔵と出会った。7歳で母を、16歳で弟と父を失った仁蔵は、辛い体験を背景に同郷の先輩であり、宣教師として著名だった澤山保羅（さわやまぼうろ）に導かれ、大阪の浪花教会で受洗した。キリスト教との出会いは、儒教的な人間観、女性を劣った者としてしか見られなかった人間観から、神の前の人間の平等へと変えた。仁蔵は、熱烈な伝道活動を行いながら女子教育にも尽力し、新潟では新潟女学校を興した。１８９０（明治23）年末、アメリカに渡り、アンドーバー神学校やクラーク大学で学び、女子教育の研究を行った。同時に、教育機関や社会事業施設などでも幅広く調査を行った。アメリカ留学から帰国後、仁蔵は女子大学設立の必要性を痛感し、女子高等教育の必要性を主張する『女子教育』を執筆した。浅子はこの『女子教育』を読み、仁蔵の夢に共感し、女子大学の設立に全面的に協力するようになった。ともに夢とビジョンを抱く人と出会い、浅子は仁蔵の夢の実現を応援し歩むことで、自分自身も女子教育推進のビジョンを持つようになったのである。

（2）不断挑戦と諦めない精神

浅子は１８４９（嘉永２）年に裕福な三井家に生まれたが、裁縫、茶道、華道、琴などを好む当時の「良妻賢母」という女性のあり方に不満を抱いていた。幼い頃から「女には学問が不要」に憤慨し納得しなかったともされている。また、前述したように、浅子は17歳で裕福な商家に嫁いだが夫信五郎は家業にまったく熱心ではなかったため、家業に万一のことがあったら、自ら立ち上がり、一族の繁栄を確かなものにしなければならないと決意した。彼女は加島家復興のために簿記、算術などを独学で勉強し、学問は女性にとって有意義であることを実感した。

浅子は20歳ごろに実業界に入った。社会で働く女性がほとんどいなかった時代に、男性でさえ躊躇するような冒険的な事業に飛び込み、成功を収めた。40代になると、実業家として奮闘するかたわら、女性教育に力を注ぎ、日本女子大学設立に貢献した。夫の死後、浅子は実業界を引退したが、女性の活躍推進のために邁進を続け、50代になっても若い女性たちと女子大で学ぶ日々を送った。１９１１（明治44）年４月21日、浅子は日本女子大学創立記念十年期の第二次祝賀会にて、「真に女子自らが覚醒しなければ、女性を進めることはできない。日本においては、何事も凡て男子の力を借りなければできなかった。我々は自分のために奮闘して、これまで同情くださった男子の方々に謝恩し、且つ婦人の将来の道を自ら開いていかねばならぬ」と述べていた（日本女子大学成瀬記念館、２０１６、90頁）。また、「男尊女卑」という社会的宿弊について、浅子は「仏教、儒教等の思想が曲解され、長年月間婦人を人と認めなかったことからだ」と述べた（同前書、86頁）。

（3）女性に求められる才徳兼備のリーダーシップ

浅子は女性の社会的役割について次のように述べている。「婦人が自重、自立して品位を保ち、実力を持つと同時に、しかも智あり意志ある。真の従順の美徳を備え、円満なる家庭を作り、男子を補佐して社会的改善を計り、国家の基礎を堅固ならしめ、万国平和の実を上げる為に、大に修養を積み、忍耐を続けて、婦人が真に男性より敬愛されるように」（同前書、88頁）。つまり、女性は、自給自足し、自立し、威厳があり、有能であると同時に、賢明で意志が強くなければならない。また、「女性は真に従順であり、従順の徳を備え、幸福な家庭を築き、男性を助けて社会を改善し、国家の基礎を固め、万民平和を実現し、真に男性以上に尊敬され、愛される存在でなければならない」との考えを示した。

浅子のリーダーシップの特徴は以下のとおりである。

①人間性：浅子は、実業であれ女性教育事業であれ、周囲の人々と緊密な関係と協力的なネットワークを築き、女子大学の設立など具体的な目標に対しても、コミットメントを達成する可能性を高めた。

②協力：浅子は女子大学の設立に尽力し、円滑に物事を進めるために積極的に他者を巻き込んだ。

③共有：トップダウンではなく、人々と情報や権力を共有するものである。また、集団のアイデンティティを作り、強化する傾向がある。

④利他主義：「女性の地位向上」を社会的使命と捉え、他者への高い共感を有していた。

2. 浅子に学ぶダイバーシティ・マネジメント

ダイバーシティ・マネジメントとは、表面的な多様性（性別、人種、身体的条件など）と深層的な多様性（価値観、性格、信念、働き方など）を持つ構成員が、完全に組織に溶け込めるように、体系的戦略を設計し、効果的に実施することによって、「包括性」（Inclusion）という文化を創造することを指している。またダイバーシティ・マネジメントは、社会的マイノリティ（女性も含む）に対するポジティブ・アクションの側面を有している（谷口、２００９）。実業家と女子教育推進者としての浅子のダイバーシティ・マネジメントの特徴は以下のとおりである。

（1）インクルージョンを重視する

通常、炭鉱の現場には経営者が雇った「現場監督」と坑夫たちを束ね、仕事の世話をする「納屋頭」がいた。現場監督がいくら指示を出しても、坑夫たちは納屋頭の指示がない限り動こうとしなかった。極端な例では、納屋頭の命令により鉱山で働く坑夫全員が別の鉱山に移ることもしばしばあった。このように、ベテランの坑夫にとっても恐ろしい存在の納屋頭をいかに指揮するかが、現場監督の腕の見せ所だった。当然のことながら、これは経営者が現場に行って解決できるようなことではなく、女性が現場に行くことなど考えられなかった。しかし浅子は、自ら納屋頭と話し合い、坑夫たちが住む鉱山で彼らと一緒に過ごしたともいわれている。現場監督ではできない決断を即座に下し、自ら坑夫たちと交渉した。浅子は、経営者として自ら坑夫の間に溶け込み、コミュニケーションとインクルージョンを重視した。当時の社会では考えられなかった経営手腕であった。結果として、坑夫たちが鉱山運営に積極的に協力するようになり、炭鉱の採掘量が増え会社の成長と利益に貢献した。

（2）女性に職場を提供する

20世紀初頭、日本は日露戦争をはじめとする対外戦争に勝利したことで国際的な地位を大きく高めたが、深刻な女性貧困問題を抱えていた。一家の家長や男性配偶者が戦死したり、戦争で除隊したりすると、残された女性は経済的に自立する術がないため安定した収入を得ることができず、戦後の急激な物価上昇で国からの給付額も減り続けた。その結果、経済的に困窮する女性が急増した。女性が一人で経済的自立をすることがまだ難しかった時代、一家の大黒柱である男性が戦死したり、心身に傷を負って帰郷したりすると、安定した収入を得る術を持たない女性はたちまち経済的困窮に陥った。

浅子は当時の貧困問題に対処するために発足された「愛国婦人会」の「上流階級から広く寄付を募って困窮した女性に分配する」という方法には否定的であった。「他人を救うために、モノやカネを提供することは一時的な対策としてはいいかもしれないが、それは依存を招き、他人を怠け者にする。したがって、仕事を提供し、自立と自営業の精神を養わなければならない」。浅子は職場を提供することが女性の貧困問題を解決する有効な方法だと主張した。

（3）異文化を受け入れる

浅子の娘・亀子の夫は一柳恵三である。一柳子爵家の三女として生まれた満喜子は、大同生命二代目社長広岡（一柳）恵三の妹であった。満喜子は19歳の時から、大阪の広岡家で恵三と亀子の間に生まれた娘たちの世話をしながら、浅子と家族同然に暮らした。満喜子と夫ヴォーリズとの出会いは、アメリカから帰国後、兄恵三の婿入先である広岡家で会ったのが最初だった。当時、ヴォーリズは恵三が所有するいくつかの住宅の建築に招かれており、その打ち合わせの場で、通訳として同行していた満喜子と知り合ったのである。恵三の妹、華族の娘である満喜子は外国人であるヴォーリズと結婚する前に、周囲から反対を受けた。その時、この過去に例がない華族と外国人との国際結婚に手を差し伸べたのは、浅子であった。

１９０５（明治38）年、滋賀県立商業学校（現・滋賀県立八幡商業高等学校）の英語教師として来日したヴォーリズは、１９０８（明治41）年に「ヴォーリズ建築事務所」を設立し建築設計業を開始した。学校、教会、病院、商業施設など、第二次世界大戦終結までに手がけた建築プロジェクトは全国で１０００を超えた。その優美なデザインは現在も多くの人々に愛されており、代表的な建築物に大丸心斎橋店、山の上ホテル、明治学院礼拝堂（東京都港区）などがある。また、大同生命の本社・支店ビル11棟の設計も手がけた。ヴォーリズは建築家としてだけでなく、企業家としても活躍した。１９２０（大正８）年には近江セルズ（現・近江兄弟社）を設立し、メンソレータム（現・メンターム）の販売を開始するなど、事業活動を展開した。母国アメリカと日本が戦争状態にあった１９４１（昭和16）年、ヴォーリズは日本に帰化した。ヴォーリズが手がけた数多くのプロジェクトの中でも、来日当初に始めた教育事業は、満喜子のリーダーシップのもとで大きく発展した。ヴォーリズと満喜子の結婚を強く後押しした浅子は、国籍や身分よりもヴォーリズの人間性を評価していたのだろう。

3. おわりに

浅子は晩年キリスト教に入信し洗礼を受けた。キリスト教の旧約聖書では、知恵のある女性について次のように記載している。

しっかりした妻をだれが見つけることができよう。彼女の値うちは真珠よりもはるかに尊い。夫の心は彼女を信頼し、彼は「収益」に欠けることがない。彼女は生きながらえている間、夫に良いことをし、悪いことをしない。彼女は羊毛や亜麻を手に入れ、喜んで自分の手でそれを仕上げる。彼女は商人の舟のように、遠い所から食糧を運んで来る。彼女は夜明け前に起き、家の者に食事を整え、召使いの女たちに用事を言いつける。彼女は畑をよく調べて、それに手を入れ、自分がかせいで、ぶどう畑を作り、腰に帯を強く引き締め、勇ましく腕をふるう。彼女は収入がよいのを味わい、そのともしびは夜になっても消えない。彼女は糸取り棒に手を差し伸べ、手に糸巻きをつかむ。彼女は悩んでいる人に手を差し出し、貧しい者に手を差し伸べる。彼女は家の者のために雪を恐れない。家の者はみな、あわせの着物を着ているからだ。彼女は自分のための敷き物を作り、彼女の着物は亜麻布と紫色の撚り糸でできている。夫は町囲みのうちで人々によく知られ、土地の長老たちとともに座に着く。彼女は亜麻布の着物を作って、売り、帯を作って、商人に渡す。彼女は力と気品を身につけ、ほほえみながら後の日を待つ。彼女は口を開いて知恵深く語り、その舌には恵みのおしえがある。彼女は家族の様子をよく見張り、怠惰のパンを食べない。」

（旧約聖書・新改訳、箴言31章10－27節）

上記の聖書の記述を解説すると、一人多役の知恵のある女性は、家族のために朝から勤勉に衣服や食事を準備する。また、畑で働きながら着物の売買をし、家庭の資産を増やそうとする。夫は彼女を信頼し、収益に欠けることがない。夫は妻のサポートを得て、土地の長老たちとともに座に着いている。

浅子は女性であり、妻であり、母であり、女性実業家であり、教育奉仕者である。つまり、旧約聖書の中の女性と同じように、一人多役である。夫信五郎も浅子に頼っている。浅子は勤勉に働き投資し、家族が安全安心の生活を送れるように尽力した。また、困っている人や貧しい人にも手を差し伸べ助けた。

１９１１（明治44）年、63歳で受洗してクリスチャンとなった浅子は、亡くなるまでキリスト教の信仰を中心に生活していた。彼女は受洗後の自分について、「私は休むにも働くにも、神の御言葉を離れては何もなすまいと決心した。昔は人々や国家のためというだけの動機で物事に当たってきたが、これからは神の御旨に従うということを基準としてしたい」と述べていた。浅子は聖書の言葉に従ってこの世を去るまで、女性の社会進出に力を注ぎ、教育事業に献身したのである。

浅子は男女平等の夢に向かってリーダーシップを発揮し、ダイバーシティ・マネジメントを行ったチャレンジ精神があふれる女性経営者であった。浅子の生き様から、私たちは現代社会の困難に対する向き合い方を学びとることができるのである。

（葉山彩蘭）

【コラム4】女性経営者から見た広岡浅子

人生には3つの大切な出会いがある。

人との出会い　学問（本）との出会い　そして自分との出会い。

広岡浅子の生涯を改めて見つめ、大きな時代の変革時に「逆境力」を発揮することで3つの出会いを引き寄せ、自分の能力を最大限に生かし、役割を全うされた人生だったのだと思わずにはいられない。強い信念、誰かの力を頼るのではなく、自分で引き受け、やり遂げる決意と覚悟をもつことで、大いなる力と叡知が与えられ良い方向、成長方向に進化していく宇宙の不思議な方程式である。

強い願望

江戸末期の良家の子女として生まれ、女子のお稽古ごとに馴染めず興味があるのは立身出世に欠かせない「読み書きそろばん」。算術や漢籍に興味津々だった。親が敷いたレールどおりに、喜んで茶道・華道・箏などの花嫁修行に励む姉たちとは正反対な広岡浅子。同じ環境で育てられてもやはり与えられた使命はそれぞれなのであろう。

実家で果たせなかった学問だったが、結婚後に夫の放任主義をいいことに、これまでの強い願望を満たすべく独学で経営に必要な知識を吸収する姿は将来のための準備だった。経営者やその素質がある者はそのような勘が働くものである。

自分に重ねると、幼少期に裕福な友人がいて、よく家に遊びに行かせていただいた。とても大きなお屋敷にお手伝いさんがいて、出てくるおやつはイチゴのケーキ。わが家ではクリスマスだけしか出てこないものだ。お父さんの仕事を尋ねると「社長」。その瞬間、私の将来の夢が社長になることとなる。

10年間のサラリーマン生活を経て「社長育成セミナー」というものに参加したところ、今の会社の創業者と出会い「社長になりたかったらウチへ来い！」と言われ、当初時給850円で雇われた。その時から社長のつもりで働いていた。

31歳から40歳くらいまでの9年間は年末年始以外一日も休まず毎日働いた。夢があるから休むことがストレスだった。そして、学歴も家柄も能力もない自分が現在300名の社員が働く会社を率いている。こうなりたいという願望だけがモチベーションであった。『思考は現実化する』（ナポレオン・ヒル、1999）という運命を変える著書に出会い、まずはこうなりたいと思うことで、諦めなければいつか必ず夢は叶うと考えるようになった。能力が高くても思わないと実現できない。強く願うことで次々と仕事が舞い込み、寝食をともにする仲間が広がり会社にチャンスが訪れる。今では禁じられるブラック企業であったけど、瞬く間の13年間。45歳で社長になった。時代の転換期に必ずチャンスがある。

運命を変える人との出会い。広岡信五郎

結婚式場のオーナーとしてたくさんのカップルを見てきたなか、つくづく類は友を呼ぶと思う。新郎新婦を見るとその友人（参列者）が想像でき、今日は荒れるぞとか感動に包まれる披露宴になるだろうとか予測できる。

年に一度クリスマスミサの日に、これまでに結婚式をあげられたたくさんの夫婦がチャペルに再集合する。仲がいいからいつまでも一緒に家族で訪れてくださり、歴史の分だけ何度も困難を乗り越え、夫婦が一緒に成長されておられることを感じずにはおられない。つまり、夫婦はともに成長することで、いつまでも尊敬の念を持ち相思相愛を貫けるのである。均霑（きんてん）なのである。

今の自分のレベルを客観的に知りたければパートナーを見ればいい。この夫にこの妻ありである。時代的にも女性の活躍が稀だったので、女傑、浅子がフィーチャーされるが、夫の信五郎もかなりの敏腕経営者として変革期に成長した。双日の源流の一社である日本綿花（ニチメン）の創設者の一人が信五郎である。

五代友厚

開国派の五代は、使節団員としてイギリスやヨーロッパ各地を巡り知見を深めた。欧米では１８６０年代以降女性参政権実現の運動が起こり、女性が活躍し始めていた。浅子を見た時、彼女ならきっと「ファーストペンギン」になると確信したのであろう。日本が世界と伍するためには女性の活躍は不可欠である。

偉大な人、歴史に名を残す人は自分の利益を優先しない。自分以外の周りをそして今よりも未来をよくしようと損得なく行動する。それが結局また自分にもしくは子孫に利益として返ってくるのは因果の応報だろう。五代は49歳にて天命を全うするが、その何倍も生きたほどの功績を残した。浅子もその姿から自分の能力を最大限に後進のために発揮しようと誓ったのではないだろうか。覚悟を決めた人は強い。

自分との出会い

誰もが何かの役割を背負ってこの世に誕生しているはずである。

責任意識をもって感謝の心で前向きに生きていれば、困難が実はチャンスとなりそれを乗り越えることで、気がつけば見渡す景色が変わっている。知らず知らずのうちに能力が見えてくるものだと思う。

ダイバーシティという言葉がＳＤＧｓの根幹をなす重要な言葉であるように、それぞれ違う能力をもったものが自分のお得意分野を活かしながら、ともに助けあい世の中を良くするために今日という日を生きていきたい。

（神田尚子）

Ⅱ　広岡浅子の女性活躍社会構築への情熱

【第５章】　性差によらない適材適所の人材活用

はじめに

ハーバード大学のクラウディア・ゴールディン教授が、１００年にわたる米国の労働力データを調査し、男女の賃金格差の原因を突き止め、ノーベル経済学賞を受賞したのは記憶に新しい。この輝かしい受賞の１００年以上前、男女の格差などものともせず、猪突猛進に生き抜いた女傑がいた。それが、広岡浅子である。

浅子は、生涯をとおして性差に基づく男女の格差と対峙し、「男女は能力や胆力において格別の相違はない」という信念を貫いた。そして、自らの持てる力を発揮することで偉業を成し遂げたのである。

本章では、はじめに、「性差」という言葉の定義と「神話」、性差に関するいくつかの解釈を提示する。次に、浅子の「無限の希望」を時代別に追い、年齢とともに変化する浅子の「性差」

との向き合い方をみていく。そして、浅子の人生を彩った理解者・協力者たちを概観したうえで、浅子が実践した性差によらない適材適所の人材活用のエピソードを紹介する。

1．性差の定義と解釈

（1）性差の定義

「性差」が科学的研究の対象となったのは、19世紀に入ってからである。それ以前は、異質な存在としての男女にみられる能力・特性・役割上の差異は自明の理とされていた（有賀、1992）。一方、その時代、性差に関する数多くの「神話」（正当的根拠のない主張や通念）もあった。

たとえば、「女性に選挙権を与えるのは、進化上の退化だ」という主張や、「若い女が長時間わき目もふらずに勉強したりすると、生殖器系はひどいダメージを受け、気が狂って葬りかねない」という脅しが、医師や教育者によって行われていたという（Keller, 1985）。性に関する研究は、特に「政治的な利害関係と結び付けられやすく、科学的に未解明な知見が、男女の性別役割分業を正当化するものとして利用されていた」（伊東、1995）。

性という言葉は多義的であり、過去においては、男女の差は「生物学的事実（the facts of

biology)」によるものと考えられていた。しかし、１９６０年代後期のフェミニズム運動によりその意味合いは変容する。フェミニストたちは、生物学的決定論を否定し、「人間の気質の社会的性質」という考えを広め、「生得的・運命的といったニュアンスを持つセックス（sex）という概念をセクシズム（性差別）全般を支えるものとみなし、これを避けるために社会的・文化的といったニュアンスをもつジェンダー（gender）という概念を取り入れた」（伊東、１９９５）のである。

現代の日本においては、多くの場合「生物学的な雄、雌を示すものが性（sex）であり、この性に対応する形で現れる心理的な特徴、社会・文化的な期待をあらわすものがジェンダー（gender）である」（三井、１９８６）と表現される。近年では、ジェンダー格差に関する実証研究も多数存在し、その一つが、冒頭紹介したゴールディン教授の研究である。

（2）実証経済学の視点からみた性差の解釈

事業家として成功を収めた広岡浅子は、女性が経済思想を養うことの重要性を説いてきた。そこで、ここでは、実証経済学の視点による「性差（ジェンダー）」研究を引用しながら、現代における性差の解釈をいくつか提示する（以下、牧野（２０２３）参照）。

たとえば、女性の労働参加と女性個人のエンパワーメントは、正の関係にあるとされている。

エンパワーメントとは、自身の人生をコントロールできることを指す。女性の労働参加の有無にかかわらず、女性の就業機会が上がるだけで、女性の家庭内意思決定権が上がるという研究結果もある。

性別に基づく社会規範を「ジェンダー規範」という。たとえば、男性は家族を養い、女性は育児をすべきといった社会から与えられた行動指針である。これと似た概念に「ステレオタイプ」がある。女性はＳＴＥＭ（サイエンス、テクノロジー、エンジニアリング、数学）分野に向いていない、リーダーにふさわしくないといった考え方だ。また、「アンコンシャス・バイアス（無意識の思い込み）」による教師や親からの刷り込みが、子供の学問分野の専攻を狭め、男女の所得格差に無視できない影響を及ぼしている可能性も指摘されている。

ロールモデルが開く可能性として「アスピレーション」という概念がある。身近にロールモデルがいると、自分もそうなりたいと思う将来への期待である。ロールモデルは、それが自分の身近にいて、自分もそうなることが十分想像できる時に、重要な役割を果たす。

このように、「性差」とは、生物学的意味と社会的・文化的意味を包含する言葉であり、近年、科学的手法に基づく性差の解釈がなされている。しかし、科学的手法などなかった今から１７５年前。１８４９（寛永２）年、京都の地に生まれた広岡浅子は、「女も男も差はあらへん」（筆者意訳）という信念を持ち、豪快に自分の人生を切り拓いていったのである。

次節からは、浅子の生涯を辿り、彼女がいかにして性差と向き合い、それを超越し、偉業を成し遂げたのか概観する。

2. 浅子が抱いた「無限の希望」

老いてなお旺盛で元気だった浅子は、その元気の源を問われ、「無限の希望」を持って生きているからだと答えた。浅子は、少年時代から老年時代の希望を以下のように述懐している（『余が不老の元気は何によりて養はるゝか』日本女子大学成瀬記念館、２０１６、77－79頁）。時代ごとに進化する浅子の希望は、彼女の性差に対する向き合い方の変化でもあった。

(1) 少年時代

13歳の頃に読書を禁止された浅子は、「女子と雖人間なり、学問の必要なしといふ道理あるべきにあらず。又学べば必ず修得せらるゝ、の頭脳ある」ということを自覚し、「而して我日本の旧習を脱し暇あれば男子と共に素読して、必ず女子の頭脳は開拓せらるべしとの希望を以って、大いに力を養うことに務めたり」と強い意志を表している。

浅子の言葉から、少年時代においてすでに、当時の社会規範に対して強く反発心を抱き、それを超越した人間になろうとする高い志が伝わってくる。

（2）青年時代

17歳で大阪の広岡家に嫁いだ浅子は、その時の感情を次のように回顧している。

「婦人を物資視し、人の性たる自由を束縛し、生涯を犠牲に供せざるべからざる習慣あるを敢えて余人の不思議とせざるは女子に取りていかに不幸なることならずやとて、この哀れなる状態より一日も早く後進者を救ひ、大にこの弊風を改善せざるべからずと、心中に決する所あり」

親が決めた家同士の結婚。それを拒否することができない浅子は、「物」扱いされる自分の身を嘆くと同時に、古い慣習に抵抗感を覚えた。加えて、それを当然のごとく受け止める女性たちへの苛立ちから、後進者には決してこのような思いはさせないと強く決意するのである。少年時代・青年時代の浅子の怒りや嘆きは、後の女子教育支援につながっていく。

とはいえ、浅子は、結婚により、生涯のパートナーである信五郎と出会う。しかし、広岡家の主人が、日ごと、謡曲や茶の湯等に興じているのを目の当たりにし、永久に家業が繁栄するか疑問を感じ、いざという時は自ら立ち上がろうと意を決し準備を始める。この時点で浅子は、「簿記法、算術、その他商業上に関する書籍を、眠りの時間を割きて夜毎に独学し、之に熟達せん事を我が希望とせり」とし日々その修業に勉めたのである。

先述したとおり、現代においてなお「女性はＳＴＥＭ分野に向いていない」、「リーダーにふさわしくない」といったステレオタイプな意見が残っているが、浅子の行動はこれを真っ向から否定するものであった。彼女は、算術を含む商業上の知識を独学で身につけ、リーダーシップを発揮すべき瞬間に備えたのである。

（3）壮年時代

浅子の出番はすぐにやってくる。１８６８（明治元）年の明治維新、それに続く廃藩置県により、加島屋は存続の危機に直面する。

「此時に当りて余は非常なる決心をなし、一族の為め重大なる家政の責任を一身に担ひ、奮然起きて事業に従事せり。之れ全く自家を富ます事のみを主眼としたるのはあらず。国家の為め、富国の必要を感じたるに所因せんずばあらず。（中略）其困難と奮闘して己を忘れ、一身を捧げ、将来の希望に向つて突進せり」

事業家・広岡浅子の誕生である。浅子は、この時点で、小我（自分のためにしたいこと、ここでは加島屋の再建・繁栄）に固執せず、真我（社会のために為すべきこと、すなわち、国家の富国）のために身を捧げることを決意する。事業に身を投じることで、浅子はエンパワーメントしていくのである。

壮年時代、浅子はもう一つの大きな希望、女子大学設立を掲げている。それは、成瀬仁蔵との出会いによってもたらされた。少年時代・青年時代に描いた希望、すなわち、性差による制約からの女性の解放と後進の育成を実現する時がきたのである。何度も困難にぶつかっても、浅子は決して躊躇することなく成瀬を支え、その希望に向かって尽力した。

（4）老年時代

1904（明治37）年、信五郎が64歳で死去すると、浅子（当時56歳）は事業の一線から身を引き、その後の人生は、女性の地位向上のための活動に専念することを決める。晩年、「専ら婦人事業の為め貢献せんと欲し、日本女子大学の為め、又は愛国婦人会大阪支部授産事業の為め、大なる興味をもちて尽力しつゝ年を経たり」と述懐している。

そして、還暦をむかえてなお、次のように述べている。

「然れども思想に於いては、少しも老衰を覚えず、（中略）今尚無限の希望に充ちて、百年の計画を行ふ之れ余が老いせざる大なる原因ならずんばあらず」

老いてまだ尽きぬ浅子の元気の源は、常に抱き続けた「無限の希望」の力であった。そして、その希望は、「性差からの解放」を求める心の叫びから生まれたものと考えられる。

3．性差を超えた出会いと活動

（1）浅子の理解者・協力者たち

浅子の生涯を辿ると、その時々に応じて多様な人間と手を組み、波乱万丈の人生を乗り越えてきたことがわかる。**図表５−１**は、浅子の時代別の希望と主な理解者・協力者をまとめたものである。

幼少時代、お転婆な浅子にとって「お嬢様」として敷かれたレールは至極窮屈なものであった。しかし、青年時代に入り広岡家に嫁ぐことで、夫・信五郎という浅子の人生における最大の理解者を得ることになる。その後、多くの人物が浅子に期待を寄せ、時に良き理解者・協力者となって彼女

図表５−１ 広岡浅子の時代別の希望とその理解者・協力者たち

	浅子が抱いた「無限の希望」	主な理解者・協力者
青年時代	商業に関し夜毎独学し、之に熟達せん事を希望せる。	生涯のパートナー・信五郎と結婚
壮年時代	困難と奮闘して己を忘れ、一身を捧げ、将来の希望に向かって突進せり。 我が国女子哀れなる境遇より救はんとの熱望を果たさるべき光明に接したる。	加島屋九代目当主・正秋、信五郎、浅子で加島屋再建に向けて船出 帆足義方、吉田千足らと炭鉱経営 渋沢栄一と会見 成瀬仁蔵、麻生正蔵と出会う 奥村百合子と「無二の親友」となる
老年時代	婦人事業の為め貢献せんと欲し、日本女子大学の為め、愛国婦人会大阪支部授産事業の為大いなる尽力し、今尚無限の希望に充ちて、百年の計画を行ふ。	牧師・宮川経輝との出会い 後進の女性たちとの出会い 大隈重信の弔辞

出所：日本女子大学成瀬記念会館（2016）、大同生命（2015）をもとに筆者作成

を応援した。性別・年齢に関係なく多様なバックグラウンドをもつ人物たちと交流した経験が、性差にとらわれない浅子の懐の深さと視座の高さを育んだと思われる。

壮年時代、帆足義方、吉田千足らと始めた炭鉱経営で窮境に陥った際には、浅子自らが炭鉱に乗り込み、現場監督、納屋頭、坑夫たちを叱咤するとともに良好な関係を築いた。その結果、彼らとともに、潤野を優良炭鉱へ生まれ変わらせる。

加島屋念願の銀行創立の際には、浅子は、銀行の神様との異名を持つ渋沢栄一との会見に臨む。そこで、銀行経営で最も重要なことは、金集めではなく信用であり、金は銀行を経営する人間の器量の大きさに従って動くことを学ぶ。

女子教育、女性の地位向上の推進にあたっては、成瀬仁蔵、麻生正蔵との出会いがあった。さらに、その後、無二の親友となる奥村百合子とも出会う。浅子は、奥村が設立した「愛国婦人会」の評議員に就任。同会大阪支部の設立に参画し、職業訓練による女性の自立につながる事業に力を注いだ。これは、女性の経済思想を養うことの重要性を説いてきた経営者・浅子ならではの視点であった。

老年時代、浅子が主催する夏期講習には、井上秀、市川房江、小橋三四子、村岡花子らが集った。参加者はみな「小我に固執せず、真我をみつけなさい」との浅子の言葉に感化を受けたという。アスピレーションという概念がない時代、浅子は自ら語り、その姿勢を見せることで、後進たちのロールモデルになろうとしたのだろう。

（２）多様な経験と出会いから生れた言葉―「着眼点を広く、大きく」

浅子は、その多様な経験から、俯瞰的に人間を観察し、自分にない知識や経験をもつ人たちと手を組むことで、無限の可能性が生まれることに気づいていたと思われる。現代風にいうならば、ダイバーシティ＆インクルージョンの実践による新たなイノベーションの創出を図ったのである。

彼女は自分より進んだもの、勝るものを積極的に取り込んでいった。晩年、浅子が、婦人たちに向けて語った言葉が『家庭部員の猛省を促す』（日本女子大学成瀬記念館、２０１６、74－76頁）の中に収められている。

「自分の子を我が子と思うて、勝手に教育してゝはなりません。国民として教育すべきです。（中略）母親は我が子を、自分よりも進んだもの、勝れたものに教育せねばならぬのであります」。そして、「諸子方は家庭内の催事に心を配る事もしなければなりませんが、夫れと同時に台所の事ばかり考えて家の中で燻って居ないで、少し着眼点を広く、大きくして国家社会を基礎とした家庭を営み国民として教育するだけの覚悟を以て益々実力を養う」と婦人たちにはっぱをかけている。

これは、社会規範やアンコンシャス・バイアスにとらわれがちな女性たちに対し、そこからの脱皮をはかれという浅子からの強いメッセージである。少年・青年時代、性差による制約に苦しんだ経験、そして、壮年時代に多様な人々と出会うことで心が解き放たれ、性差を乗り越えることで力を発揮し、偉業を成し遂げた浅子の想いが詰まった言葉といえよう。

4. 適材適所の人材活用

(1) 事業改革のための人材登用―加島屋の新たな顧問・成瀬仁蔵

大同生命保険のホームページ（以下、HP）には、浅子が、適材適所の人材活用を行ったエピソードが掲載されている。本節では、同HPの「広岡浅子の生涯：第三章 日本女子大学校の設立」の内容を引用しながら、浅子の活躍ぶりを紹介する。

それは、1897（明治30）年から翌年にかけての不況により、大阪の銀行や綿産業が大打撃を受け、加島屋が苦境に直面した時のことである。

浅子は、この窮境を脱するため加島屋の事業改革を考えた。その際、最も重視したのが「人材の登用」である。改革の大鉈を振るうには何よりもまず人材が必要と考え、旧来の商家の採用方法である奉公人制度を改め、新たに商業学校の卒業者や外部の優秀な人材を招聘し、彼らによる新事業で事態の打開を目指したのである。

この改革を実行するにあたり、浅子は意外な人物の手を借りる。それは教育者・成瀬仁蔵だった。大企業が顧問として招聘する人材は、政界の後ろ立てがある者や財界に通じた実力者であることが常だが、ビジネスの経験がない一介の教師に事業顧問を委嘱するのは、極めて異例の決断だったといえる。

しかし、成瀬には他の政財界人にはない米国への渡航経験と、大学校設立運動の中で、官僚や学者にも多くの知己がいるというアドバンテージがあることに浅子は目をつけた。成瀬の強みを活かして海外情報を収集し、優秀な人材を加島屋に招聘すれば、加島屋の事業改革ができると踏んだのだろう。

このように、女子大学校のみならず加島屋の事業でも、浅子と成瀬はよき協力者として困難に立ち向かっていくのである。

（2）加島屋の新たな幹部──元官吏・中川小十郎

浅子が求めたのは加島屋を支える幹部社員となる人材だった。浅子は成瀬に紹介を依頼し、成瀬は文部省の官吏だった中川小十郎に白羽の矢をたてた。中川は西園寺公望の秘書として文部省に奉職し、女子大学校設立運動でも文部省内の強い協力者であった。その中川が、鳴り物入りで加島屋に入社する。

いくぶん「役人風を帯びた」中川に対し、「平民主義」を標榜していた浅子は、「追々直接会話することで、次第に我々と同じ考えになっていくのではないか」と考え、中川を懐深く受け止めた。浅子と中川が一致したのは、利益ではなく信用を得るための業容拡大路線と、商業部門、つまり新規事業部門の設立だった。

(3) 新規事業と人材登用—商業学校生の採用

浅子は、中川と決めた方針に則り、さらなる人材の紹介を成瀬に依頼する。若い年齢の有望な人材が必要と考えた浅子は、成瀬の紹介により、商業学校生を4人登用する。成瀬から紹介を受けた若い人材について、そして成瀬からもたらされた横浜縮緬輸出やアルカリの新規事業について、浅子は成瀬への書簡の中で丁重に礼を述べている。

古い慣習にとらわれない浅子は、その先見の明と懐の深さにより、適材適所の人材活用に取り組み、加島屋の事業改革を実現したのである。

晩年の浅子
写真提供：大同生命保険（株）

5．おわりに――浅子の生きざまからの示唆

ここまでみてきたとおり、浅子は幼少の頃から性差による制約と対峙し、幾多の試練を乗り越えながら、それを超越した信念の人である。

１９１９（大正８）年、浅子は71歳でこの世を去る。その追悼式で弔辞を述べた、女子大学校の創立委員長・大隈重信は、浅子のことを次のように語っている。

「浅子夫人は常に『たとひ女子であっても努力さえすれば男子に劣らぬ仕事ができるものである、また力があるものである。而して人間は、その境遇を切り開いて自分の思う理想に達することのできるものである』という固い信仰を持っておられました」

何度挫けそうになっても決して諦めず、激動の時代を駆け抜けた女傑・広岡浅子。常に行動し実践する人であり続けた浅子。歴史に「ｉｆ」はないが、もし、今、浅子が生きていたら、現代における性差の議論をどのように受け止めるのだろうか。きっと「女も男も差はあらへん。自分の希望に向かって進みなはれ」と微笑みながら、若者たちの背中を温かく押すのではないだろうか。

（姜　理恵）

【コラム5】　広岡浅子と大隈重信が見つめた社会

人間の歴史には時として社会の常識に抗う人物が現れるようだ。天才といわれる人たちのことである。誰に教えられたのでもなく、社会の矛盾に従えない性格を持った人間である。この天才たちは、社会の矛盾に正論でもって立ち向かう。そしてその思いは、社会を次のステージへと誘っていくようだ。今回紹介する天才たちとは、日本女子大学の創設に奔走した広岡浅子であり、それに賛同し浅子の最大の理解者であった大隈重信である。

浅子が生きた江戸末期から明治の初期においては、女性には学問がいらない風潮があり、ましてや高等教育など論外という時代であった。これに対して浅子には常々、なぜ女性というだけで、男性と対等に学問ができないのかというこの世の不条理と男尊女卑という倫理への怒りがあった。悶々としていたある日、のちに明治期の三大教育者の一人といわれる成瀬仁蔵との運命的な出会いがあった。成瀬が書いた『女性教育』の思想に大感激をした。浅子は三度読み返し、涙が止まらなかったと回想している。そこには男性も女性も同じ人間であり、人として自立すべきだという成瀬の思想が書かれていた。女性を人として男性と対等に取り上げる、性別も社会的地位も、人の真価には関わりがないとする思想に心を打たれたようだ。浅子が小さいころから思っていた疑問に、明快な回答をくれたのである。二人は意気投合して、二人三脚で女性の高等教育の場としての日本女子大学の創設に向けて奔走していった。

浅子と成瀬は政財界を巻き込むために、時の権力者である伊藤博文にコンタクトをとり、当時の政治家たちに声を掛けてもらった。その中の一人が大隈重信である。この大隈重信こそが浅子の最大の理解者となっていく。江戸の末期に佐賀藩に生まれた大隈は、小さいときは友達にいじめられ、学校にも行かなくなり、今でいうところの登校拒否状態の少年であったようだ。そんな子供が後に二度も総理大臣となり、近代日本を引っ張っていく大政治家になるとは、その時は誰も思わなかっただろう。母の三井子は重信を立ち直らせようと、近所の子供たちにいつも家に集まってもらうために毎日食事を振舞った。家の中に一種のコミュニティを作ったのである。重信も自然と人との係わりを深め、少しずつ引きこもりが解消されていった。母の奇策が功を奏したようだ。後に大隈はこのときのことを、孤独の自分に母が社会（コミュニティ）を見せてくれたと回想している。こうした体験により、大隈の母への感謝と同時に、女性に対するリスペクトの念が広がったようだ。

大隈にはもう一つ紹介すべきことがある。佐賀藩の藩校時代に先生と口論になり、規則を破り退学処分を食らっている。誰に教わったのでもなく、「朱子学」や「葉隠」などの教えに違

広岡浅子と大隈重信の関係相関図

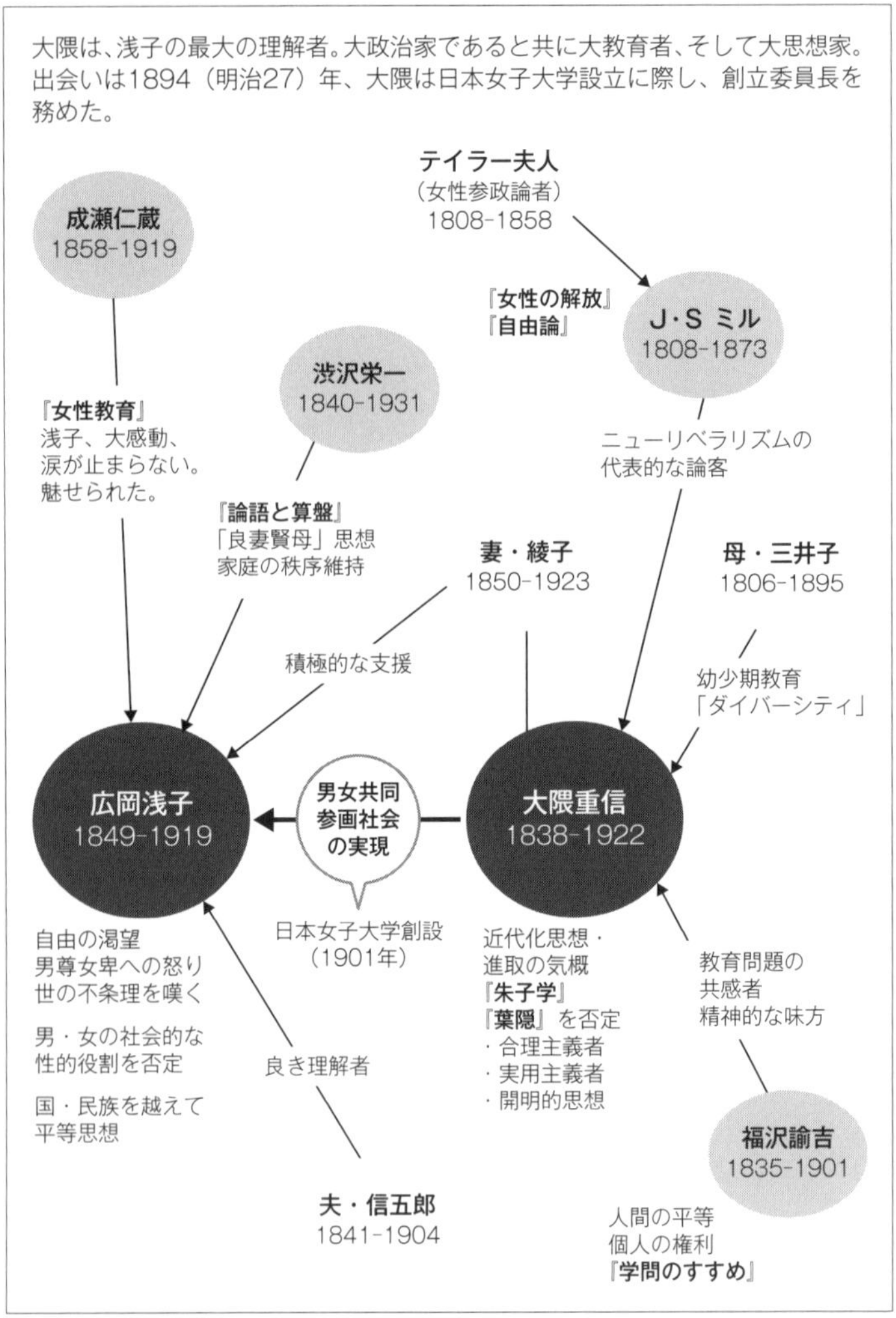
大隈は、浅子の最大の理解者。大政治家であると共に大教育者、そして大思想家。出会いは1894（明治27）年、大隈は日本女子大学設立に際し、創立委員長を務めた。
テイラー夫人
（女性参政論者）
1808-1858
成瀬仁蔵
1858-1919
『女性の解放』
『自由論』
J・S ミル
1808-1873
渋沢栄一
1840-1931
『女性教育』
浅子、大感動、
涙が止まらない。
魅せられた。
ニューリベラリズムの
代表的な論客
『論語と算盤』
「良妻賢母」思想
家庭の秩序維持
妻・綾子
1850-1923
母・三井子
1806-1895
積極的な支援
幼少期教育
「ダイバーシティ」
広岡浅子
1849-1919
男女共同
参画社会
の実現
大隈重信
1838-1922
自由の渇望
男尊女卑への怒り
世の不条理を嘆く
日本女子大学創設
（1901年）
近代化思想・
進取の気概
『朱子学』
『葉隠』を否定
・合理主義者
・実用主義者
・開明的思想
教育問題の
共感者
精神的な味方
男・女の社会的な
性的役割を否定
良き理解者
国・民族を越えて
平等思想
福沢諭吉
1835-1901
夫・信五郎
1841-1904
人間の平等
個人の権利
『学問のすすめ』

出所：筆者作成

和感を持っていたようだ。違和感はいつしかこれらを否定していく。これらの思想からは欧米に追いつくための近代化は望めないというのだ。女性の社会進出の足かせになるような男尊女卑の考え方では駄目だというのである。実に開明的な思想であり、同時に合理的で実用的な考えをもっていた。

これを後押しするような書籍が、イギリスから1870年代に日本に入ってくる。英国の功利主義者であるJ・S・ミルの『自由論』と『女性の解放』である。これらは翻訳され、当時の知識人や政治家たちもこぞって読み漁ったようだ。これに一番反応したのが大隈だった。開明的な思想と進取の気概があった大隈は、女性も男性と分け隔てなく学問を学び、社会に進出していくことの必要性に確信を持った。この2つの書籍を書き上げたミルにとっては、20年以上にわたり協力してくれた女性参政権論者のテイラー夫人の影響が大きかったようだ。この2冊の書籍はテイラー夫人との共著に等しいとミルは自伝の中で紹介している。

おもしろいことである。イギリスと日本という文化的な違いがあっても、人の思想が影響しあいながらお互いを勇気づけたり、共感し合ったりする。大隈が若い時から思っていた、女性も男性と一緒に高い教育を受け、性別に関係なく社会で活躍することの大切さを確信したようだ。ちなみに、ミルの『自由論』は大隈が設立した立憲改進党の思想にも大きな影響を与えている。当時の藩閥政治に終止符を打ち、政党政治へと近代化が進んでいったのである。

成瀬仁蔵の『女性教育』に感化された広岡浅子と、ミルの思想に後押しされた大隈重信は、お互いが目指すべき社会に共通点が多いことに気づいた。教育者としても後世に名を知られる大隈と浅子の交友関係は、浅子が日本女子大学の創立募金を直談判したことから始まり、浅子が亡くなるまで生涯続いた。大隈は浅子のことを常々「天性偉大な広岡夫人」と評していた。大隈は日本女子大学設立に向けて、いろいろなところで演説をしている。そしてこれからは男性への服従ではなく、男女対等に政治・経済・社会に貢献していく社会の必要性を切に語った。また、大隈はこんなことも言っている。西洋における文明の進歩と富強の要因を、科学の発達と合わせて、一夫一妻制と女性の社会参画にあるとし、日本もまた、このような「進化の法則」に則るべきだと提言した。今風にいえば、まさに男女共同参画の実現である。

そして念願がかなって、1901（明治34）年に、東京目白に日本初の女性の高等教育の場として日本女子大学が創設されることになる。まだまだ日本の風潮は「女性に高等教育は必要ない」とか「女性が学問をやりすぎると幸せになれない」などというアゲンストの中だっただけに、日本社会へのインパクトは大きかった。また浅子は、日本女子大学の卒業生に向かって「どのような道に進んでも、大学で学んだことを忘れず、なすべきことをすれば、それが社会のためになる」という温かい言葉も掛けている。男性と競い合うのではなく、女性の長所、強みを政治、経済、そして社会の中で生かす、男女共同参画の世の中を指し示したのである。

若い時には互いに世の中の常識という重荷に苦しみながらも、浅子と大隈という稀代の天才は、男女が能力をいかんなく発揮できるような社会を見つめ、諦めることなく実行した。浅子と大隈が見つめていた社会とはまさに〝男女共同参画社会〟だったのである。

ひるがえって現代社会を見たとき、高齢化や少子化、また進展するグローバル化、情報のデジタル化等々への対応問題にしても女性の豊かな感性が必要なことはたくさんある。環境問題にしても国際紛争問題にしても男性のセンスだけでは解決できないことは明らかである。男性中心で築かれてきた近代工業化社会、近代文明の歩みが今、問い直されている。

（北村和敏）

Ⅲ

広岡浅子にみる激変社会を生き抜く経営

【第6章】

起業家としての広岡浅子
～エフェクチュエーションの経営実践

1．はじめに～激動の時代と広岡浅子の経営実践

広岡浅子が生きた幕末から明治初期はまさに激動の時代であった。加島屋に嫁いで間もなく明治維新が起こり、新政府による御用金の献金命令や銀貨の取り付け騒ぎによって大阪の金融業は混乱、さらに廃藩置県によって、大名貸し主体で事業を営んできた加島屋は債権放棄を余儀なくされ、経営危機に直面することになった。そうした時代環境にあって起業家として活躍した浅子の姿勢は、不確実性が増す混迷の時代に生きる現代のビジネス・パーソンに多くの示唆を与えてくれるはずである。

市場や技術環境の変化の激しい今日、未来を的確に予測し計画を立てることは難しくなっている。そうした状況に適合する起業家の手法モデルとして近年注目されるようになったのが「エフェクチュエーション（Effectuation：結果を生む、創り出すという意味）」である。本章では、

この現代的な概念を手掛かりに起業家・広岡浅子の経営実践を読み解いていきたい。なお、彼女の伝記については大同生命保険株式会社ＨＰ「大同生命の源流―加島屋と広岡浅子」を参照した。

2．エフェクチュエーションとは

経営環境が激変する現代にあって、かつての大企業が取っていたような、将来時点の計画や目的から最適な手段・原因（コーズ）を逆算的に導き出すアプローチ（コーゼーション）は通用しにくくなった。これとは対照的に、未来はそもそも予測不能であるという前提のもと、現在持ちうる資源や手段を用いて、結果（エフェクト）を生み出すことに重きを置くのが、エフェクチュエーションのアプローチである（大藤、グロービス経営大学院）。２００８（平成20）年に、インド出身の起業家研究の経営学者でアメリカのバージニア大学ビジネススクール教授のサラス・サラスバシーによって提唱され、日本国内でも２０１５（平成27）年にその翻訳書が出て話題となった。

サラスバシーは、最終的に上場・株式公開に至るなど成功を収めた起業家27人にインタビューを重ねた結果、彼らの熟達した思考方法や行動にはある共通のパターンが見出されることがわかった。それがエフェクチュエーションであり、具体的には以下の5つの行動原則から構成される。それぞれ比喩的表現を用いた興味深いネーミングになっている。

5つの行動原則

①「手中の鳥」の原則（The Bird in Hand Principle）

すでにあなたがもつ能力や専門性、人脈ネットワークを明確にし、それらを使って何ができるかを考えようという原則である。ちなみに「手中の鳥」とは英語のことわざ“A bird in the hand is worth two in the bush.”（猟師にとって手中の1羽はやぶの中の2羽に値

図表6-1　エフェクチュエーションの行動法則

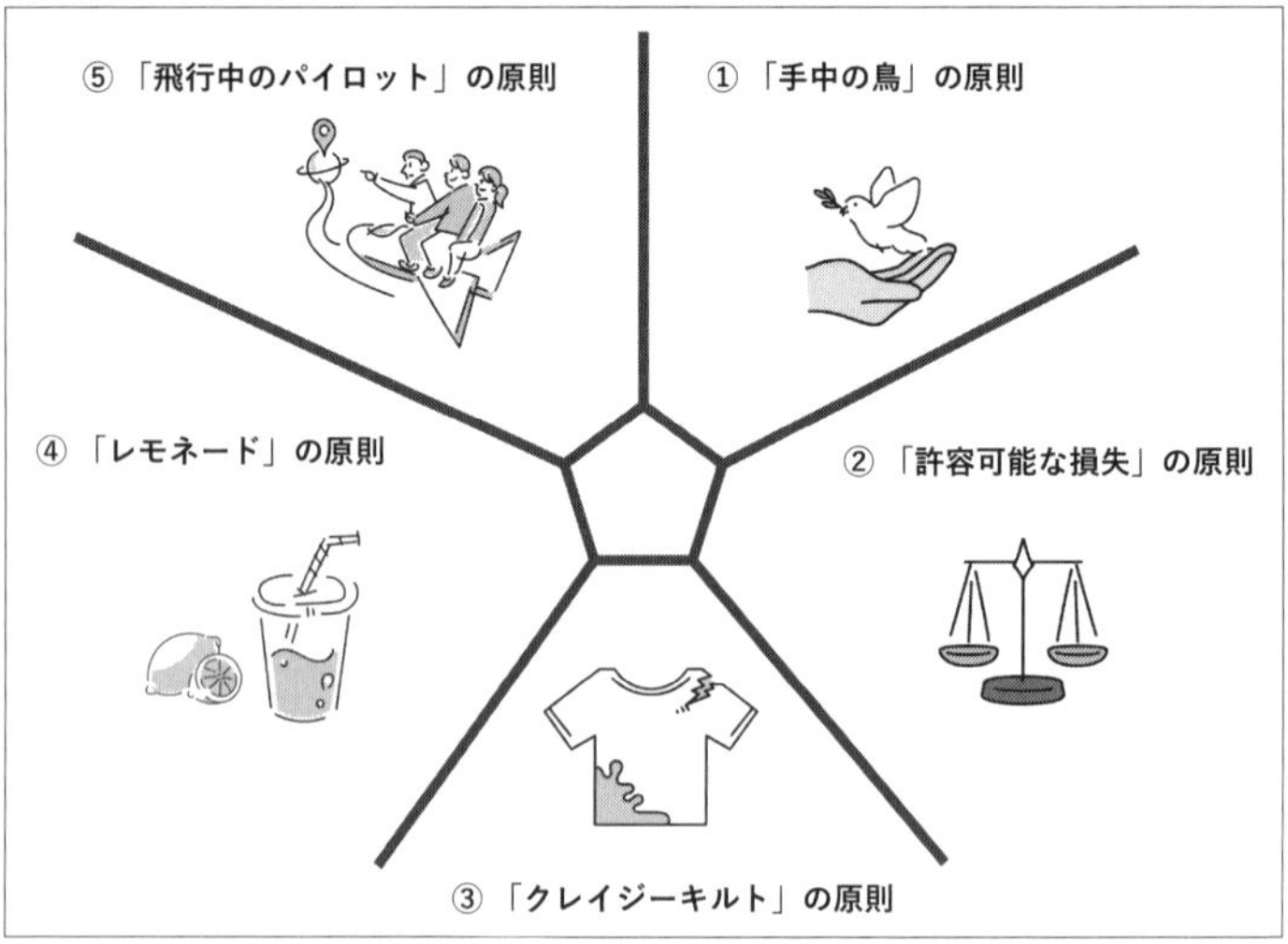

出所：著者作成
イラスト©Loose Drawing、ソコスト

する＝明日の百より今日の五十）に由来する言葉で、確実に手に入る利益のことを指している。事業立ち上げに臨む際、人はより大きな利益を達成しようと、あらたな技術を獲得しようとしたり、またより広い事業領域を開拓しようとしたりして躍起になるが、無理があるためうまくいかないことが多い。そこで思考を反転させ、既存の手段から何ができるのかを考えることによってチャンスを切り拓くことができる、との考えに因っている。

なおエフェクチュエーション理論では、使い得る手段として次の３つ―アイデンティティ（私は何者であるか）、知識ベース（私は何を知っているか）、社会的ネットワーク（私は誰を知っているか）―が検討されることになる。

さて、浅子の場合は、どのようなアイデンティティを獲得し、どのように実務の知識を得、どのような社会的ネットワークのもとに事業を進めていったのか。

浅子が嫁いだ加島屋は当時、明治維新後の混乱の中で、経営危機に直面していた。その本業立て直しを進めていくことが、浅子の最初の事業ミッションとなった。それは借財の整理や融資の断りなど、事業の基盤を整えるもので、旧諸大名家を回り、説得を続けるなど関係先とのタフな交渉を繰り返していった。幼少期過ごした京都でかつて遭遇し、町家を焼き尽くした禁門の変は、浅子に、加島屋のような大店（おおだな）であっても永続的ではないという危機意識を植えつけたとされる。それが浅子のアイデンティティの一部を構成していたに違いない。

実務面では、そろばん、簿記をはじめとする事業の知識を浅子は加島屋に嫁いで後、独学で得ていった。そして大名家の屋敷に自ら乗り込み話をつけるなどの交渉術も身につけていく。また当時の法律上、女性の浅子が加島屋の代表（戸主）になることはできなかったが、当主の広岡久右衛門正秋、後見人である夫の信五郎との合議体制により（実質的には浅子が経営を支配したとされる）事業を進め、経営体制を整えていった。

その後、手掛けるようになる炭鉱事業や保険事業、また女子大設立の社会事業も、浅子が自ら企画したというよりも、大阪財界のさまざまな人的つながりの中で生まれていったことが伝記からうかがえる。意図せずして浅子は「手中の鳥」原則に従っていたといえる。

②「許容可能な損失」の原則（The Affordable Loss Principle）

期待されるリターンをふまえて投資の意思決定を行うコーゼーションのアプローチに対して、いくらまでなら損失を出せるのかを決めておき、その許容範囲で投資を続けるべきという原則である。リターンが十分に予測できないなか、失敗のリスクがあることを前提に、チャレンジを続けていくことを促す。

浅子は加島屋立て直しに奔走するなか、当時台頭しつつあった炭鉱事業に参入することを決める。福岡・筑豊炭鉱を舞台に、石炭を運び出す港の整備などインフラ投資に係るコスト増にも耐えながら、彼女は事業を展開していった。支援した事業会社は解散するなど失敗したものの諦めず、残った炭鉱の経営そのものに乗り出していった。粘り強く開発を進めた結果、潤野(うるの)炭鉱での鉱脈掘り当てに成功する。失敗を経ながらも学習を重ねていくことで、炭鉱事業に関する知識やノウハウを増やしていったことが後の成果につながったといえる。

③「クレイジーキルト」の原則（Crazy-Quilt Principle）

クレイジーキルトとは、形や色などの違う布を自由に組み合わせて作り上げる一枚の布のことをいう。単独での取り組みには限界があることを前提に、多様なステークホルダーとパートナーシップの関係を築き、彼らパートナーとともにそれぞれの持つ資源も活用して価値を生み出していくべきという原則である。

浅子は実業の世界への関心のみならず、国内で女子高等教育を実現させようとする成瀬仁蔵の理念に共鳴し、女子大設立に奔走する。資金集めなど容易ではなかったが、財界関係者の人脈を利用し、説得に回り、プロジェクトを完遂させる。それぞれの関係者の強みを活かしながら、女子教育普及のビジョンの実現に向けて自分がどう行動できるかを考えたことの結果といえるだろう。多様なステークホルダーの力をまとめて社会的事業を起こす手法は今日、「コレクティブ・インパクト」と呼ばれるが、浅子はその先駆けであったといえるかもしれない。

また内部の人材活用という点で、社内の有能な人物の引き上げなどマネジメント面でも浅子は長けていたという。従来の慣習にとらわれず、中川小十郎（文部官僚から加島屋の幹部社員として迎えられ、加島銀行理事などを務める。立命館大学の前身となる学校の創設にも関わる）や祇園清次郎（若くして加島屋に丁稚奉公に入りその後、加島銀行大阪支店の支配人などを務める）、星野行則（神学校を出て渡米後、加島銀行に入行し、東京支店の支配人などを務める。F・W・テーラーの科学的管理法を日本に紹介し、現代の生産管理・経営管理にも大きな影響を与えた）など個性的な幹部人材を登用し、彼らが浅子の事業を支えていった。さまざまな背景や能力をもつ人材を組み合わせることで、内なるマネジメント能力を起業家は高めることができる。

④「レモネード」の原則（Lemonade Principle）

予期せぬ事態に直面してうまく行かない場合も、機会ととらえてポジティブに対処せよという原則である。ちなみに、このレモネードは"When the life gives you lemons, make lemonade."（レモンを掴まされたら、レモネードを作れ）という英語のことわざに由来しており、レモン（ここでは品質が悪く、価値が乏しいもののたとえ）に一手間かけて美味しいレモネードを作るように、うまくいかないことも工夫やアイデア次第で乗り越えることができる、という意味が込められている。サラスバシーの調査では、熟達した起業家は、困難をチャンスと捉えて成功に導くことができていた。

銀行・炭鉱のみならず、保険事業も手掛けた浅子。当時、事業が行き詰まっていた浄土真宗系の保険会社、真宗生命からの経営支援要請を受けたことが保険事業進出のきっかけとなる。彼女は、同社の買収を行い、宗教色のない社名に変更し、信徒の多い名古屋から拠点を京都・大阪に移し、信徒に限らず利用者の枠を拡大させることで事業を立て直し軌道に乗せた。これが後の大同生命に続く生命保険事業の礎を築くことにつながっていく。

⑤「飛行中のパイロット」の原則（Pilot-in-the-Plane Principle）

起業家は、あたかも操縦桿を握る飛行中のパイロットのように、刻一刻と変わりゆく状況を冷静に観察し、臨機応変にコントロールすべきという原則である。上記の4つの具体的な原則を支える根本原則という性格をもつ。予測困難な状況において、柔軟な対応力が起業家には求められる。

さて浅子の不屈の精神を表すのが「九転十起（七転び八起きを越えて失敗してもなお諦めないという意味）」の言葉であり、彼女はそれを座右の銘としていたことはよく知られている。困難な状況にあっても最後まで諦めることなく臨機応変に対応し、ビジョンの実現に向けて突き進む―この基本理念を有していたことが、何より浅子の強みであったといえる。

さらに、無理を顧みない行動をとる浅子を支えたのが「小我を捨て、大我を得よ」（自己中心的なエゴを捨てて、他人や社会のために尽くしなさいという意味の故事）という社会的使命感であったことも特筆すべきである。先の真宗生命の買収にあたっても、浅子はやみくもに保険事業に乗り出したのではなく、「社会救済の理想を実現する」という公益志向がベースにあったことが明らかとなっている。起業家は高い志をもち、ぶれずに信念をもって行動することが、危機にあっても冷静に対応するレジリエンスの力を高めることにつながるといえる。

3．まとめ～浅子の経営実践の現代的評価

以上で見たように浅子の経営実践は、現代のエフェクチュエーションの行動原則に照らしてみても適合度が高く、十分な合理性を有していたと評価できるだろう。ますます不安定で不確実な今日のビジネス環境において、経営者は社会のニーズの変化に敏感に反応し、柔軟に対応していくことが求められている。解決すべき課題が最初から明確であることはまれであり、手探りの中でパッチワークのように仕事をこなしながら、受益者の満足という結果を生み出すということが往々にしてある。浅子の姿勢に学びながら、エフェクチュエーションに基づく意思決定の領域を広げていくべきであろう。

たとえば、リーダーはいたずらに壮大な計画を練り上げるのではなく、まず現在の自分が有する知識や専門性、社会的ネットワークが何であり、目の前の課題とのすり合わせを図りながら、手持ちのそれらをどう活用するかというところから出発すべきである（手中の鳥の原則）。

また、収益見通しを立てることが難しいことから、負担し得るコストの範囲内で粘り強く実験的に事業を積み重ねていくという態度が求められる（許容可能な損失の原則）。

そして取引先との連携を強化したり、ビジネスセクター以外にも広く行政やＮＰＯ（民間非営利組織）などともパートナーシップの関係を広く構築したりして、課題解決のため各々の強みを生かしていくという発想が大切になる（クレイジーキルトの原則）。

さらに、これまで見捨てられてきた事業であっても、ひと手間かけることであらたな価値を生み出すといった工夫も期待される（レモネードの原則）。

もちろん、事業の継続が図られるよう、困難な状況に陥っても投げ出さず、最後の着地まで臨機応変に対応していくことが起業家には求められる（飛行中のパイロットの原則）。

最終的に、ぶれない経営を行っていく社会理念を根本で有しているか否かも優れた起業家の要件といえる。

起業家としての浅子の歩みを振り返れば、あまり体系立てられたものではなく、どちらかといえば行き当たりばったりの感が否めない。しかし経営とは、ＤｅＮＡ創業者の南場智子氏の言葉を借りれば、本質的に「不格好」なものである。インターネットビジネスのような成長著しく不安定な業界であればなおさら、成長過程における七転八倒や失敗の連続は付き物であり、最後まで諦めず投げ出さなかった者だけが成功を収めていく。社会の制度や価値観が目まぐるしく変わる激動の明治初期の時代に生きた浅子もまた、リスクの高い新規事業に乗り出さざるを得なかった。浅子の経営実践は予測不能なエフェクチュエーションの行動原則から照射することで、その意義がより際立って見えてくる。今日ビジネス環境はますます予測困難となっているが、浅子の生きざまを振り返ることで、あらたな希望や価値を紡ぎ出すことができるはずである。

（高浦康有）

【コラム6】 広岡浅子とウィリアム・メレル・ヴォーリズ

「広岡浅子」という明治初期の女性経営者・教育者を知ったのはNHKの朝ドラ「あさが来た」を通じてである。日本経営倫理学会で、その浅子について書籍にまとめることになり、参加を申し出た。予定されたテーマ案に「広岡浅子とウィリアム・メレル・ヴォーリズ」があったからである。

今を遡る約50年前に4年間ほど、学生ではあったが、「近江兄弟社」に関わった。当時、筆者は東京神田駿河台にある近江兄弟社ビル1階に新設されたファストフード店(フランチャイジー)に1号アルバイトの一人として知人の紹介で採用された。諸先輩に大変可愛がってもらい、当時軽井沢にあった同社の保養所での社員夏季合宿にも参加して、会社の歴史や企業方針などを学ぶ機会を得た。のちに知ったのだが、この保養所はヴォーリズ氏の設計によるものだった。

さすがに経営の中身に関する重要議題の折は一旦退出したものだが、会議のはじめと終わりに祈りの時を持って会議が進められたことは、極めて印象的であった。そうした中で、いわば当然にヴォーリズ氏(日本名:一柳米来留(ひとつやなぎめれる))の話もあり、脳裏に刻み込まれたのである。

「ヴォーリズ合名会社」や「近江ミッション」（後の近江兄弟社）の創立者の一人という紹介ながら、筆者にはほとんど創業者と聞こえた。その生い立ちなどは本書の主題ではないが、敬虔なクリスチャンでその伝道者、社会事業家、建築家として、また日本へハモンドオルガンを紹介した、いわばスーパーマンとして映ったのであった。

上京する前3年間ほど地方の合唱隊に所属し「オラトリオ・メサイア」の合唱に参加させていただいた。その頃のキリスト教への接近が、彼へのあこがれにつながったのかもしれない。

今回、調べていくなかで浅子とヴォーリズ氏が深くつながっていたことに驚かされた。浅子は1919年、このヴォーリズ氏とその妻となる、当時の子爵令嬢一柳（ひとつやなぎ）満喜子（まきこ）のいわばキューピット役を演じていた。浅子とは家族同然に広岡家で暮らしていた満喜子（満喜子の兄恵三は広岡家に婿入りしていた）は、恵三所有の複数の邸宅を建てるために広岡家を訪問したヴォーリズ氏への通訳として接点があり、その折から親しく想いあうようになっていたと聞く。

ウィリアム・メレル・ヴォーリズと満喜子

写真提供：大同生命保険（株）

華族（子爵家）の令嬢とアメリカ人との結婚がたやすくなかった時代であることは容易に想像されるが、そうした厳しい状況にあった二人を結びつけたのは浅子の尽力であった。この二人の結婚式は、ヴォーリズ氏自身が設計した明治学院の礼拝堂で挙行され、披露宴は浅子が亡くなった広岡家別邸（同じくヴォーリズ氏設計）で盛大に行われたことは当時の記録にも残る。ヴォーリズ氏に関しては、『中央公論』１９８６（昭和61）年5月号で「天皇を守ったアメリカ人」とのルポがあるが、これも彼の日本への理解と愛を示すものと理解している。

１９１３（大正2）年、病気療養で米国に帰国し、その折に会った旧知ハイド氏との間で「メンソレータム」の販売代理店契約を結び、「近江ミッション（近江基督教伝道団）」を改名した「近江兄弟社」がそのライセンシーとなる。同社は１９７４年まで60年以上にわたって日本国内でメンソレータムの製造・販売・普及にあたり、家庭薬としての地位を築いたのであった。

アルバイトとして就業していたさ中の出来事は、今も鮮明に記憶している。大手製薬会社２社によるライセンシーの争奪戦に巻き込まれ、60年間販売を続けてきたライセンスを打ち切られたのである。結果として近江兄弟社は経営再建にめどが立たず、当時の商法３８１条に基づく、会社整理の申し立てを行う事態に追い込まれた。新聞には「近江兄弟社業績不振で倒産」との記事が躍った。学生ながらに実業界の厳しさを垣間見た一幕であった。お世話になった当時の上席役員もこの整理終了をもって経営から離れざるを得なかったと聞く。

あれから半世紀を経て、浅子の事績を通して「近江兄弟社」「ウィリアム・メレル・ヴォーリズ」と再会が叶った思いである。

（河口洋徳）

Ⅲ　広岡浅子にみる激変社会を生き抜く経営

【第7章】広岡浅子とステークホルダー・エンゲージメント

広岡浅子を描いた雑誌や書籍の帯や宣伝文句を見ると、「常に全力」、「九転十起の女性実業家」、「女傑」等のエネルギッシュな言葉が並んでいることに気づかされる。そしてこうした言葉から想像し得る事業家としての人物像の一つとして、猛烈なワンマン経営者などが浮かんでくる。しかし浅子の生涯を見渡すと、夫の信五郎やその弟の正秋、娘の夫の恵三、女子教育という夢を語る成瀬仁蔵、文部省の官吏から加島屋を支える幹部社員となる中川小十郎など、常に仲間や家族とともに事業を進めてきたことがわかる。

浅子の人となりについて書かれた書物には、「伊藤侯の前でも大隈伯の前でも(注1)、怯ず臆せず思うところを陳べ去って遠慮がない」、「数百人の番頭小僧に挨拶するにも、貴顕紳士に応接するにも、同一様の筆法である」とある（佐瀬、1900、126-127頁）。浅子の事業家としての在り方は、ワンマン経営者というものではなく、自身を取り巻く多様な人々と分け隔てなく接し、どのような人に対しても自身の考えを率直に述べていたことがうかがい知れる。

浅子は自分の意見を持ちそれを述べるとともに、人の意見にも耳を傾ける人物であったことがうかがえる。のちの日本女子大学設立時の校長となる成瀬仁蔵が、初めて浅子のもとを訪れ「学校を設立したし賛助せよ」と言われた時を振り返り、浅子は次のように語っている。

「その当時、私は依然としてこれを助ける意はございませんでした。折節私の計画しました事業のために九州に下りまして、そこに滞在中、彼の女子教育論をひも解き、初めて先生の女子教育に対してのご意見に接するを得ました。繰り返して読みましたことが三回、先生の主義についてご熱心なることは自らその書の上に現れおって、私はこれを読んで感涙止まなかったくらいでした（明治36年講話「余と本校との関係を述べて生徒諸氏に告ぐ」日本女子大学成瀬記念館編、２０１６、57頁）」と、関わる意のなかった物事についても、寄せられた意見に真摯に耳を傾けた浅子の姿が浮かんでくる。

こうした浅子の周囲の人々との関わり方を現代の企業経営の言葉で表すと、「ステークホルダー・エンゲージメントの実践者」ということができる。現代を生きる私たちが、浅子から学ぶことは多いが、ここでは特に、現代の企業経営に求められている重要な課題の一つ「ステークホルダー・エンゲージメント」の実践者としての浅子に学んでみたい。

1. 現代の企業経営に求められる「ステークホルダー・エンゲージメント」

企業と関係するさまざまな主体のことを、「ステークホルダー」という。株主、従業員、地域社会、仕入先、顧客など、ステークホルダーの顔ぶれは多様である（図表7－1）。

多様なステークホルダーには、それぞれに企業に対する期待や要望がある。たとえば、株主は配当や株価、健全な経営など、従業員は雇用維持や福利厚生、安定的な生活の保障や能力開発などが考えられる。地域社会は事業所や工場への朝夕の通勤で生じる渋滞緩和や地域イベントへの協賛、仕入先は安定的で繁閑差の少ない受注や決済期日の短期化、顧客は上質で安価、感動する商品・サービスの提供などの期待が挙げられる。

こうしたステークホルダーからの期待や要望に、企業はすべて応えられるものではない。たとえば、一言に〝顧客〟といってもそれぞれが抱く期待・要望は一様ではなく、また各ステークホルダーの期待・要望が相反する場合もある。企業の持つ資源や能力にも限界がある。しかし、放っておけるものではないし、ステークホルダーの声を無視し、それが影響力の大きいステークホルダーであった場合、経営上の危機に陥る場合もある。そこで旧来の企業は自社の生き残りのために、事業活動のさまざまな場面において、ステークホルダーを「いかに管理していくか」という発想で対応してきた。

図表7-1　企業を取り巻くステークホルダーの例

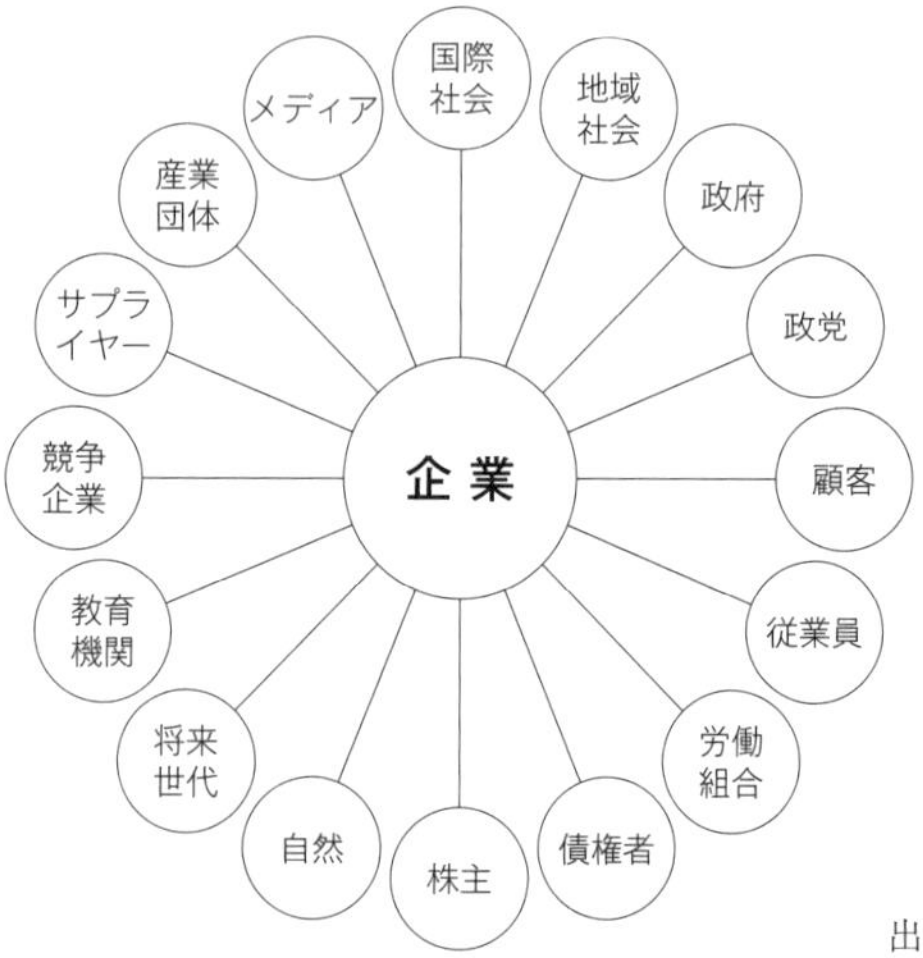

出所：筆者作成

こうしたなか、現代企業には「ステークホルダー・エンゲージメント」が求められるようになっている。ステークホルダー・エンゲージメントとは、「企業がその活動や意思決定プロセスに対してステークホルダーがどのような関心を持っているかを理解すること、そしてステークホルダーと良い関係をつくっていくこと」（谷本、２０２０、１１１頁）をいう。現代企業には、自社の生き残りのためのステークホルダーの「管理」ではなく、自社とステークホルダー、地球や社会がともに持続可能性（サステナビリティ）を維持するための「対話」が求められている。

19世紀後半以降、先進国を中心に大規模化した現代企業は、「経済発展」のけん引役として台頭するとともに、「公害」や先進国と

図表7-2 ステークホルダー・エンゲージメントが指向すること

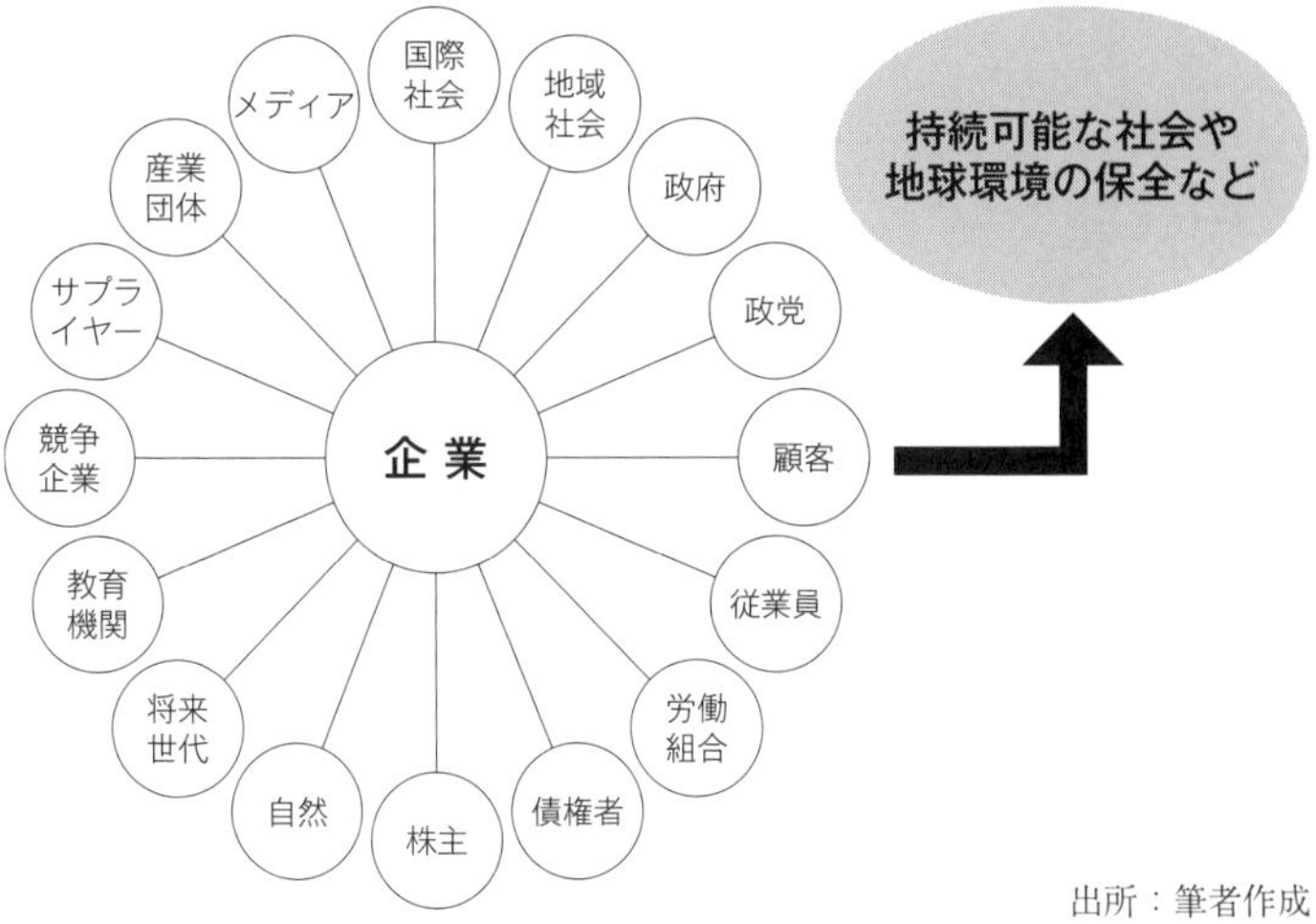

出所：筆者作成

途上国との「格差」や「不均衡」、「成長の限界(注2)」等のひずみをも生じさせてきた。事業の売上が伸びて企業の利益が順調であったとしても、その事業の途上でブラックな雇用や自然環境の破壊が行われていては、良い事業とはいえない。自社との直接的な取引先が優良であったとしても、その取引先のそのまた取引先、そのまた先の取引先と遡っていったところに人権問題が起きていたら、間接的な関係であっても、当該企業の責任として社会に非難される。このような現代社会において、企業は短期的な経済上の成功だけを考えるのではなく、中長期的に良い事業を行っていくために多様な情報を集めて対応していく必要がある。現代の企業経営には、自社の存続のみならず、持続可能な地域社会やグローバル社会、地球環境の保全等が同時に求められている。ステークホルダー・エンゲージメントにより期待されるのは、「ステークホルダーを管理しようという発想ではなく、ステークホルダーと対話し協働することを通して、そこから新しいアイディアや取り組みが生まれてくること」（谷本、2020、39頁）、すなわち「よりよい社会をつくるためのイノベーション」なのである(注3)。

ステークホルダー・エンゲージメントは、自社の存続のみならず、持続可能な地域社会やグローバル社会、地球環境の保全等にも通じることとして、これをどのように実践するかが、現代企業が取り組むべき重要な課題となっている（**図表7－2**）。

2. 浅子のステークホルダー・エンゲージメント実践

浅子が生きた時代は、大政奉還、明治維新から大正にかけての、激動の時代と呼ばれた時である。そこでは政治体制の大転換、新しい社会の幕開けがあり、次々と新しい技術や産業が興り、イノベーションが求められた時代であったと考えられる。浅子はこの時代に、ステークホルダー・エンゲージメントを実践していたからこそ、銀行や炭鉱の経営、日本女子大学設立などのいくつもの大事業を進めることができたのではないかと考えられる。

浅子はどのようなステークホルダー・エンゲージメントを実践していたのだろうか。

（1） 自ら動く

浅子が実践するステークホルダー・エンゲージメントの特徴の一つに、ステークホルダーのもとに自らが出向き直接的な関係性を築いていた、ということが挙げられる。

浅子は一家の財政危機時に、債権者や投資家との対話を直接訪問して行っている。廃藩置県直後、本業である「大名貸し」の「大名」がいなくなったことから、江戸時代の豪商の半分以上は没落した。浅子の嫁いだ加島屋には、膨大な借財と江戸時代から付き合いのある毛利・宇和島・伊達といった名家からの資金融通要請、新明治政府からの「御用金（新政府の財政を支えるために商人たちに大金の用立てを要請した）」が突き付けられた。こうした財政困難の折、債権者や投資家と話をすることは難しいことのように思われるが、浅子は相手のもとに自ら飛び込んでいったようである。のちの浅子を語る書物には、次のように示されている。

「夫人はこの一家の危急存亡ともいうべき場合に一身を投げうって東西に奔走したのは実に目覚ましいものであって、ある時は毛利邸(注4)に飛び込んで大いに訴えるところあり、ある時は東京に来たりて金融の道を計る等その手腕は男子も遠く及ばぬところ（佐瀬、1900、129頁）」

「宇和島藩邸に伺候し、ご用人に面会して手元不如意の数々つぶさに訴えたところ、毎々の事ではあるし、ご用人甚だ面倒くさく思ったか、ろくに取り合わなかった。しかしこのくらいでそのままおめおめと立ち帰るような浅子ではない、是非とも猶予の承諾を得なければ引き下がらぬという覚悟で、追いやらるるまま足軽部屋に退き満身紋紋の荒くれ奴の間に一夜を明かし、とうとう目的を達して帰ったそうである（「本邦実業界の女傑（二）広岡浅子」『実業之日本』第7巻2号、1904年1月15日号）(注5)」

また、新規事業として始めた探鉱事業がうまくいかない時には、現代の受注先や労働組合の総合体ともいえる「坑夫」らとの対話を、自ら現場に入り、いわゆる体当たりで行っている。「『隣の鉱区が盛んなるに、わが鉱区のみ奏功しない道理がない』と叫び、むさ苦しい坑夫(注6)の衣服をまといつつ、雨をもいとわずスタスタ鉱穴に入り、しきりに坑夫等を指揮監督したことも度々であった（佐瀬、1900、129頁）」

さらに、両替商からの脱皮を図り加島銀行を創設した浅子は、その経営においても、関係各所に足しげく通って自身の思いを伝えている。

「而して浅子は加島屋唯一の君主として、上は店長より下は小僧に至るまで、任免黜陟（にんめんちゅっちょく）（功績に応じて役職を上げ下げすること）に大権を掌握し、総会等には必ず自身に出席しつつ満場の視線を己れに集めるのみか、本支店とも時々巡視して業務の成績を検閲するなぞ、其の手腕の凄じさ、人をしてアッと謂はしむることが多い（「本邦実業界の女傑（四）広岡浅子」『実業之日本』第7巻4号、１９０４年2月15日号）[注7]」

日本女子大学創立の発起人組織の立ち上げにおいては、猛烈なステークホルダー直接訪問を開始している。

『日本女子大学校創立事務所日誌[注8]』（１８９６（明治29）年の日誌）

- 7月17日（金）新田氏この日より出勤執務開始。成瀬・広岡両氏神戸に行く。
- 7月25日（土）広岡夫人、大阪造幣局長・長谷川為治氏の元に行く。要件、局長へ女子大学校設立賛成員承諾の勧誘。
- 8月11日（火）広岡夫人、女子大学用にて大和大瀧村（現在の奈良県川上村）土倉庄三郎君へ行く。新田同伴。
- 8月20日（木）広岡夫人、下田歌子へ面会のため須磨に行く。即日帰阪。
- 10月11日（日）広岡御夫人、今夜十時梅田発の汽車で大阪を出発、東上される。東上の途中大磯へ立寄り、伊藤前総理大臣へ面会の予定。

・11月9日（月）東京広岡御夫人より来状（但同家宛内々）要件
公爵　近衛篤麿　賛助員承諾、侯爵　蜂須賀茂韶　同上、渋沢栄一　同上、大倉喜八郎
同上、甲武鉄道会社長　三浦泰輔　同上、以上五名賛助員
伯爵　土方久元　賛成員承諾、大審院長　南部甕男　同上、文部次官　牧野伸顕　同上、
栗塚省吾　賛成員承諾、以上四名賛成員
伊藤博文、西園寺公望、大隈重信、松方正義、以上四名　是迄賛成員ノ処今般賛助員承諾
侯爵夫人　伊藤梅子、伯爵夫人　大隈綾子、以上両名発起人承諾

以上のように、浅子は、ステークホルダーのもとに自らが出向き直接的な関係性を築くことで、激動の時代に事業を進めていったのである。

（2）継続的な関わり

浅子自身がステークホルダーの元へ足を運んでいたことが、さまざまな足跡から見えてきた。そのなかでも浅子は特に、急がずじっくりと向き合うことを続けることにより、対話を実践していた。人との関わりを豊かにつなぐところに、浅子の行動力は発揮されていたようである。日本女子大学の創設に大きく関わり、女性の社会での活躍を唱えた浅子であったが、その卒

業生の中にはかつての浅子のように、旧習の中で外に出ることを抑えられている者もいたようである。そうした家庭に閉じ込められている人たちにもしっかりと関わることを、浅子は卒業生たちに語っている。

「もしも境遇上外出もできず、また桜楓会（注９）にも出席する事のできない人あらば、会員よりしてその時々に手紙で報道してあげてもよいでしょう何とか方法をとれば決して桜楓会の精神を伝え得ぬということはありません。全体あなた方がそう急を望むからいかないのです。そう易く事が行わるるものではありません。十年、二十年の長い間皆さまのご辛抱によってはじめて難しい御良人でも、あなた方の徳によって感化することができるのです（明治38年10月家庭部会に於て「会員は社会の感化力たれ」日本女子大学成瀬記念館編、２０１６、63頁）」

（３）社会のために

人は直接的・継続的に接すれば、こちらの意を受け止めてくれるものだろうか。人の心は動くものだろうか。日ごろ私たちは、他人から話を持ち掛けられた時、その人がどういう意図をもって自分のところへやって来たのかを判断しているのではないだろうか。こうした観点から浅子を見てみると、一家や家の事業救済のためでなく、新しい社会をつくるためにステークホルダーとの対話をしていたことがうかがえる。現代のステークホルダー・エンゲージメントは、

「よりよい社会をつくるためのイノベーション」を起こすために求められている。浅子は、この時代にそれを実践していたと思われる。

明治時代に起きた新しい産業の一つに生命保険業があり、経営不振の生命保険会社を引き受ける形で浅子はこの事業を手掛けるようになる。現代の大同生命保険株式会社の社史にも、大同生命の創設は「浅子の英断によるところが大きかった」と伝えている（大同生命保険（株）、二〇〇三、23頁。大同生命保険（相）、1973、316頁）。生命保険会社設立時の浅子について、金融専門誌『保険銀行時報』（1919年1月27日号）は、次のように記している。

　（記者の）考えが間違ってなければ、浅子は社会救済の理想を実現する為に、保険業に着目したのではないだろうか。世の中には種々の事業があるが、社会救済の意味を含み、人民をして生活上の安定を得させる事業が生命保険であることは、誰も否定できないだろう。（生命保険）事業の根底には、社会の幸福を増進したいという精神が存在することは、誰も疑う事はできない、浅子はこの精神に共鳴したのではないだろうか。そうでなければ、未だ保険思想が幼稚で、〝保険に入れば早死にする〟という迷信さえ信じられていたこの時期に、保険会社を創設する理由はないのである（『現代の女傑広岡浅子刀自（上）』『保険銀行時報』1919年1月27日号）[注10]」

浅子が大同生命保険株式会社の2代目社長を託した広岡恵三は、創業10周年ならびに契約高達成記念会の挨拶で、代理店主らに対して感謝の言葉を述べ、そして、大同生命保険株式会社が創業以来10年間無配当できたことに対して、次のように語っている（大同生命保険（相）、１９７３、33－34頁）。

「さいわいに代理店諸君の深厚なる同情、甚大なるご援助と、社員一同の不屈不撓（ふくつふとう）の奮闘とによりて、わずかに10年の星霜の下に、今日あるを得ましたのは、真に感謝に言葉なき次第であります」

「この大同生命保険株式会社は、国利民福の増進をもって主要の目的とし、まず被保人の利益を図り、つぎに社会公共に貢献するにあり、然る後、株主の利益に及ぼすという主義方針の下に経営しているのであって、この主義方針は、終始一貫変わることがない」

このように浅子の事業は「社会のために」あるということを、ステークホルダー（浅子に賛同する投資家や顧客、従業員など）は対話の中からくみ取っていったのではないだろうか。江戸時代から続く加島屋は、新政府の財政を支えるために明治の社会に必要であること、新時代のエネルギー転換を支えるために炭鉱ビジネスが必要なこと、人々の生活を支える生命保険業、「人として、女性として、国民として育てる（日本女子大学の）」女子教育等、自らの事業は社会のためにあることをステークホルダーに理解してもらえたからこそ、多くの事業を進めることができたように思われる。

（4）浅子と学問～人格を高めるための学問

事業は「社会のために」あるという思いを、なぜ浅子は持つことができ、それをステークホルダーに受け止めてもらえたのだろうか。浅子の生涯にふれたとき、常に「学問」とともにあったことに気づかされる。浅子にとって学問とはどのようなものであったのだろうか。それは浅子を自立させ、来るべき時に備える意味をもち、机上のみならず実学も含めて広範囲に学ぶことで、浅子の人格修養につながるものであったと、みることができる。

幼いころの浅子にとっての学問は、自立であった。浅子は商の三井家に生まれ、恵まれた環境でその時代の女性として育てられた。浅子は次のように語っている。

「当時の女子は『幼にしては父母に従い、嫁しては夫に従い、老いては子に従う』という儒教の教えを理想として教育されましたから、学問よりも、一家を持って必要な裁縫、人に仕える礼儀、夫、老人を楽しませる遊芸を仕込むことを必要なこととされておりました（広岡、2015、12頁）」

しかし、それは浅子にとって耐えがたいものであった。浅子は、学問をすることが人間として立つことにつながっていると考えていたようである。

「私の兄弟や従兄弟らは、学問を一時も怠ってはならぬと、指導を受けておりましたが、傍らに見ている私は、女なるが故に学問は不要だと言われるのを、つくづく残念に思いました。

それで人知れず四書五経の素読に耳傾けては学問に非常なる興味を持つようになりましたので、家人は大いに心配して、厳重な制裁を加え、私の十三歳の頃読書を一切禁ずるようにと申し渡されました。しかし圧迫ますます強ければ、これを打ち破らんとする精神はいよいよ固く「女子といえども人間である。学問の必要がないという道理はない、かつ学べば必ず修得せらるる頭脳があるのであるから、どうかして学びたいものだ」と考えました（広岡，２０１５，12－13頁）」

浅子は、一人の人間として自立するためには学問をすることが重要と考えていたようである。大阪の豪商、加島屋に嫁いでからの浅子にとっての学問は、備えでもあった。浅子は、主が「少しも自家の業務には関与せず、万事支配人任せで、自らは日毎、謡曲、茶の湯等の遊興に耽っているという有様（広岡，２０１５，14頁）」に接し、自分がこの家を背負って立たねばならないと考える。

「「一朝事あれば、一家の運命を双肩に担って自ら起たなければならぬ」と意を決し、その準備に務めました。それで簿記法、算術、その他商業上に関する書籍を、眠りの時間を割いて夜毎に独学し、一心にこれが熟達を計りました（広岡，２０１５，14頁）」

そして浅子にとっての学問は、読書のみならず実学も伴い、生涯続く。

「ただいま諸氏は、六十日間の経験として、学問は机の上のみで得るのではなく、実際から学ぶの必要を感ぜられたのは、実に喜ばしいことでありますが、私はなおこの上、諸氏に申し上げたいのは、まず自分を御学びなさいということであります（明治39年講話「広岡夫人の御話、第二七回桜楓会例会」日本女子大学成瀬記念館編、２０１６、64頁）」

「余本年齢すでに還暦に達せり。然れども思想においては、少しも老衰を覚えず、青年の女子大学生等と共に校長の実践倫理を学び、または頭脳開拓のため科学の必要を感じ、時あれば長井博士その他二三の師につきてこれを学び、なお読書によりて、自己の修養を務めつつあり（広岡浅子「余が不老の元気は何に因りて養はるるか」『家庭週報』第１７１号、１９０９年１月１日発行。日本女子大学成瀬記念館編、２０１６、79頁）」

銀行業においては、「草鳥寮」という「倶楽部と教場とを合わせたような組織」を作り、従業員にも学ぶ場を提供している。

「常に講師を雇い加島屋一家の子弟はいう迄もなく加島銀行加島商業部の番頭小僧を集めて智徳を研かせつつある（佐瀬、１９００、１３１頁）」

やがて浅子にとって学問をおさめるということは、人格の修養、人格を高めることにつながっていると考えるようになる。

「広く知識をおさめて、人格を作る事が出来るのである（広岡浅子「今昔の女子」『家庭週報』第１３７号、１９０８年３月21日発行。日本女子大学成瀬記念館編、２０１６、72頁）」

「私が考えますにこの教育ということは理論にあれ、実地にあれ、其の最も肝要なる目的は人格の修養ということであろうと思います（広岡浅子述「現今学生の陥り易き弊風」１９０７年5月26日『家庭週報』第１０１号、１９０７年６月１日発行。日本女子大学成瀬記念館編、２０１６、69頁）」

「その人の善悪を批評するのみでなく、自らの修養は自分でなさねばならぬというところに覚醒せねばならぬことと存じます。教えらるる教師の人格を批評してこれに躓いているということよりも、その言教に着眼して真理があるならば直ぐにこれを自ら体得し具体的に表現するというところに出づべきはずと思います（広岡浅子「断片」『家庭週報』第２００号、１９１２年1月1日発行。日本女子大学成瀬記念館編、２０１６、93頁）」

浅子の人生は、「『他人に教える』よりも『自らが学ぶ』ことに、彼女は熱心だった（長尾、２０１５、１９２頁）」と伝えられているように、常に学問を怠らず生涯学習とし、自らの人格修養をし続けた人生であった。

3．浅子から学ぶこと、そこからつながる持続可能な社会と地球

激動の時代において、浅子は、実践を伴う学問により人格を高め、ステークホルダーと直接・継

続的に対話をし、浅子の事業が私利ではなく社会の利のために行われているということをステークホルダーが認め、その結果大きな事業を進めることができた。浅子のステークホルダー・エンゲージメントの実践は、自らの事業の存続と新しい社会の構築の両方に貢献したといえよう。

ステークホルダー・エンゲージメントの実践者としての浅子から、現代の私たちが学ぶことをまとめると、①相手と直接対面すること、②継続的に行うこと、③互いに社会のために対話すること、④学び続けることで人格の修養を図ること、となる。

私たちがこれを実践することは、持続可能な社会と地球環境につながっているのである。

（津久井稲緒）

（注1） 明治・大正時代の政治家、内閣総理大臣。

（注2） 環境問題に関する世界初の政府間会合「国連人間環境会議（1972年、ストックホルム開催）に先立ち、ローマクラブが資源と地球の有限性「成長の限界」を発表した。

（注3） このステークホルダー・エンゲージメントという考え方は、企業にだけ求められているのではなく、機関投資家にも求められている。2021年に制定された日本版スチュワードシップコード（機関投資家のあるべき姿を規定した指針で、金融庁が示している）にも、「企業の中長期的な成長のためには対話が重要」

と示されている。

（注4）侯爵、明治時代の政治家。

（注5）「本邦実業界の女傑（二）（広岡浅子）」『実業之日本』第7巻2号、１９０４年1月15日号、大同生命保険ＨＰ「広岡浅子の生涯」【第二章　実業家・広岡浅子の奮闘】https://kajimaya-asako.daido-life.co.jp/asako/02-01.html（２０２３・11・30アクセス）。

（注6）原著では「坑夫」ではなく「工夫」と記載。

（注7）「本邦実業界の女傑（四）（広岡浅子）」『実業之日本』第7巻4号、１９０４年2月15日号、大同生命保険ＨＰ「大同生命の源流　加島屋と広岡浅子－広岡浅子の生涯」https://kajimaya-asako.daido-life.co.jp/（２０２３・11・29アクセス）。

（注8）１８９６（明治29）年7月から始まる『日本女子大学校創立事務所日誌』の記録。大同生命保険ＨＰ「広岡浅子の生涯」【第三章　日本女子大学の設立と女子教育】https://kajimaya-asako.daido-life.co.jp/asako/03-02.html（２０２３・11・30アクセス）。

（注9）桜楓会は日本女子大学校の卒業生により運営される生涯学習を目指す会。

（注10）「現代の女傑広岡浅子刀自（上）」『保険銀行時報』、１９１９年1月27日号、大同生命保険ＨＰ「広岡浅子の生涯」【第四章　大同生命の誕生とその後】https://kajimaya-asako.daido-life.co.jp/asako/04-01.html（２０２３・11・30アクセス）。

【第8章】 広岡浅子から学ぶ人的資本経営のあり方

1．人的資本経営の現在地

（1） 時代背景と問題意識

新型コロナウイルス感染は、われわれに大きな傷跡を残していったが、大きな気づきも与えてくれたと思う。感染者数や死亡者数の報道を聞き、時に身近な芸能人の死亡のニュースが飛び込んでくると、誰もが自分の死とどう向きあえばよいのか悩んだ。

このような不安や恐怖のなかで、人は、何のため存在しているのか、働いているのか、生きているのかという根源的な問いかけをする。昨今、パーパス（存在意義）という言葉をよく耳にするのは、このような時代背景が影響しているのだろう。

筆者は、今後の人生の課題は「働き方、生き方、学び方のあり方をリデザインすること」だと考えている。そのためには、今までの見方、捉え方をリセットしなければならない。リデザインのモデルとして、アドラーの教えをベースにキャリア論と筆者の経験を掛け合わせて、人生を豊かにするキャリアデザイン【三つのしゅうかつ（就活・習活・充活）とある・なる・いる式の人生設計】を拙著（長田、２０２１）で提言した。

同様に経営のあり方も問われている。その答えの一つが人的資本経営である。筆者は、人的資本経営は「失われた30年」から脱却する最後の砦だと考えている。われわれは、人と経営のあり方が大転換する潮流の変わり目にいることを認識すべきである。まさしくBeing（あり方）の時代である。

（2）人的資本経営の定義

経済産業省は、人的資本経営を「人材を資本として捉え、その価値を最大限に引き出すことで、中長期的な企業価値向上につなげる経営のあり方」と定義している。

人的資本とは、人材が持つ知識、技術、能力など指す。要は人的資本経営とは、人材を資源として捉えるのではなく、資本として捉えて人的資本に最適な投資を行うことで、最大のリターン（価値創出）を生み出す経営のことである。

（３）人的資本経営をめぐる環境変化と位置づけ

第一に、リーマン・ショック以降の株主資本主義（会社は株主のもの）からステークホルダー資本主義（会社は社会の公器）への移行である。

第二に、人的資本経営は、ＣＳＲ（企業の社会的責任）ではなくＣＳＶ（共有価値の創造）の延長線上で捉える必要がある。ＣＳＶは、マイケル・Ｅ・ポーター教授が提言した社会価値と経済価値をともに創造しようとするアプローチである。

第三に、企業価値を判断する時には、業績などの財務情報だけでなく、ＥＳＧ（環境、社会、企業統治）といった非財務情報（人的資本）の観点を重視する。

（４）人的資本開示の世界的潮流

ＥＵ（欧州連合）は、２０２１（令和３）年には「企業のサステナビリティ報告に関する指令の提案」を公表して、すべての大企業と上場企業に開示義務化の対象を拡大した。

２０１８（平成30）年に、ＩＳＯ（国際標準化機構）は「ＩＳＯ３０４１４」という国際規格の一つとして「人材マネジメントに関する情報開示ガイドライン（11項目と58指標）」を発行した。世界初の人材マネジメントに特化した国際基準である。

それまで、大きな動きを見せてこなかった米国も２０２０（令和２）年11月に、米国証券取引委員会（ＳＥＣ）が上場企業を対象として人的資本の開示を義務づけた。

（５）日本の人的資本開示の動向

日本も欧米の動きを追随するように、２０２１（令和３）年６月に東京証券取引所がコーポレートガバナンスコードを改定し「人的資本に関する記載」が盛り込まれ「企業の中核人材における多様性の確保の取組み」が重要とされた。

２０２０（令和２）年１月に経済産業省において「持続的な企業価値の向上と人的資本に関する研究会」を立ち上げた。人的資本経営の方向性を定めた「人材版伊藤レポート」を公表して、人材戦略に求められる「３つの視点と５つの共通要素」を提言した。

２０２１（令和３）年秋に岸田内閣が成立すると「新しい資本主義」を提唱し、同年11月８日に「新しい資本主義実現会議」の緊急提言で人的資本への投資強化について提言した。これ

図表８-１ ISOガイドライン（11項目）

1. ワークフォース可用性
2. ダイバーシティ
3. リーダーシップ
4. 後継者計画
5. 採用・異動・離職
6. スキル・ケイパビリティ
7. コスト
8. 生産性
9. 組織文化
10. 組織の健康・安全・ウェルビーイング
11. コンプライアンス・倫理

出所：ISO30414に基づき筆者翻訳・作成

を受けて、内閣官房は、２０２２（令和４）年６月に人的資本可視化指針（案）を公表した。

金融庁は、大手４０００社を対象として、２０２３（令和５）年３月期決算以降の有価証券報告書に人的資本の開示を義務化した。

開示内容の第一は、サステナビリティ（持続可能性）情報を記載する。人的資本に関する戦略や目標などを明記し、人材育成方針と社内環境整備方針を策定する。第二に、企業の多様性を示す「女性管理職比率」、「男性育児休業取得率」、「男女間賃金格差」を開示する。

（6）人的資本経営の現在地（問題意識と提言）

２０２２（令和４）年は人的資本開示元年といわれて、日本の経営は、人的資本経営に舵を切り出した。

危惧されるのは、第一に「なぜ、人的資本の情報開示が必要なのか」という根源的な問いかけをショート

図表8-2　人材戦略に求められる3つの視点・5つの共通要素

3つの視点（3P）
①経営戦略と人材戦略の連動 ②As is（現在の姿）-To be（あるべき姿）ギャップの定量把握 ③企業文化への定着

5つの要素（5F）
❶動的な人材ポートフォリオ ❷知・経験のダイバーシティ&インクルージョン ❸リスキル・学び直し（デジタル、創造性等） ❹従業員エンゲージメント ❺時間や場所にとらわれない働き方

出所：経済産業省『持続的な企業価値向上と人的資本に関する研究会報告書～人材版伊藤レポート』（令和２年９月）に基づき筆者作成

カットし「開示方法論が先走りしているのではないか」ということである。人的資本の開示はあくまでも手段である。開示する前に人的資本経営とどう向き合うかというあり方を十分に議論することが重要である。浅子の口ぐせである「なんでどす？」という批判的な視点が求められる。経営者が「そもそも人的資本経営とは何か、その目的は何か」について独自解（個別解）を出して腹落ちしていなければならない。

第二に、他社の開示項目の様子を窺いながら、とりあえず自社でわかる範囲の数字で体裁を整える「やっつけ開示」でお茶を濁すべきではない。企業価値の向上を目的とする「戦略的な開示」を行うべきである。

第三に、人的資本投資の前提は、社員一人ひとりが、キャリア自律（自分のキャリアは、自分で切り拓いていく）していることである。しかし、世の中「何がしたいかわからない問題」が蔓延している。会社では、指示待ち社員が多いとも聞く。この前提を見落として人的投資をしていないだろうか。経営は、社員との対話が必要である。

２．広岡浅子から学ぶ人財投資

戦略的な人的資本開示をするために、経営戦略と人材戦略の統合ストーリーを作成することが重要となる。開示項目を点とするならば、点と点を結ぶとどんな価値向上につながるのかをストーリーで語ることである。

この統合の際の接着剤となるものが「経営が求める人財像」である。筆者は、浅子が一つのロールモデルになると考えている。浅子の生き方、働き方を性格スキルの視点で考察してみたい。

(1) 性格スキルからの考察

性格スキルは、心理学ではビッグファイブと呼ばれている。ビッグファイブとは、開放性、誠実性（真面目さ）、外向性、協調性、精神的安定の5つの因子からなる。この因子は、頭の良さを表す認知能力ではなく、非認知能力（性格の力）である。5つの因子の強弱によって、人の振る舞いに違いが出てくる。

浅子の生涯をたどると、筆者は、浅子のビッグファイブは高いと評価している。特に、誠実性（真面目さ）と精神的安定性が突出している。

●誠実性（真面目さ）

鶴光太郎氏は著書『性格スキル　人生を決める5つの能力』で、誠実性（真面目さ）を以下のように説明している（55頁）。まさしく浅子の姿にぴったりだと思う。

「野心を持ち目標に向かって自分を律しながら、どんな困難があっても粘り強く責任感を持って努力していく資質」

ビッグファイブと仕事の成果（業績）との関係をみると、誠実性（真面目さ）との関係が一番強いこと、職業人生で捉えてみると、精神的安定性が強い影響を与えることを鶴氏は同書で紹介している。浅子は、この研究結果を実証した人物といえる。

誠実性（真面目さ）の粘り強さについて少し深掘りしたい。粘り強さは、やり抜く力に通じる。浅子でいえば、ペンネームにもなった九転十起である。アンジェラ・ダックワークス（以下、ダックワークス）は、著書『ＧＲＩＴ やり抜く力 人生のあらゆる成功を決める「究極の能力」を身につける』で、職業人生の中で輝かしいパフォーマンスを出すと、すぐに才能（認知能力）のせいにしてしまうバイアスがあると指摘する。実際は、やり抜く力（非認知能力）のほうが重要だと主張している。さらに、ダックワークスは「才能があっても、やり抜く力が強いとは限らない（前掲書、26頁）」、「やり抜く力と才能は別物である。（中略）才能はあっても、その才能を生かせるかどうかは別の問題だ（前掲書、44頁）」と述べている。確かに、才能があってもそれを生かさないのであれば、宝の持ち腐れである。

ダックワークスは、スタンフォード大学の心理学者のキャサリン・コックスの研究成果を以下のように紹介している（前掲書、113頁）。

> 知能レベルは最高ではなくても、最大限の粘り強さを発揮して努力する人は、知能のレベルが最高に高くてもあまり粘り強く努力しない人より、はるかに偉大な功績を収める。

ダックワークスは、努力することで才能がスキルになり、さらに努力することでスキルが生かされて成果を生み出すので、努力することが重要であると主張している。浅子は、13歳の頃は三井家では読書を禁止されており、決して才能があったわけではない。広岡家に嫁いでから実学を勉強することを許可されて、日々努力をする姿をみるとダックワークスの主張も納得できる。

ダックワークスは、やり抜く力を下記のように定義している。

> やり抜く力＝情熱×粘り強さ

情熱は、熱いという激しい感情を示すものではなく「ひとつのことにじっくりと長いあいだ取り組む姿勢」と定義している。興味のあることや好きなことでなければ、三日坊主で終わるであろう。さらに、明確な目的意識（大いなる目的）がなければ長続きはしない。自分のためだけではなく、世のため、人のために役に立っているという貢献感がなければならない。これは、浅子が興味のある実学を勉強して、お家のためだけでなく世のため人のために事業を起こしてきた行動と重なり合う。

●開放性

開放性には、好奇心の強さ、想像力の豊かさ、新しい情報への興味などの性向がある。浅子の場合は、知的好奇心である。

開放性が高い人は、新しいことにチャレンジする革新的なタイプが多い。浅子の生い立ちとその成し遂げたことを鑑みると（第１章参照）、浅子は「ファーストペンギン」といえるのではないだろうか。「ファーストペンギン」とは、海に飛び込むのを躊躇するペンギンの中で、真っ先に海に飛び込む一羽である。ビジネスの世界では、リスクを恐れずに初めてのことに挑戦する人を「ファーストペンギン」と呼ぶようになった。

●外向性

外向性には、積極性、社交性の性向がある。外向性が高い人は、リスクやスリルを好み冒険心が強いタイプが多い。浅子には、ピストルを懐に隠して潤野炭鉱に乗り込んだという逸話がある（第１章参照）。

●協調性

協調性は、他者に対する共感力、思いやり、やさしさの性向がある。協調性が高い人は、利己的ではなく他者と協調的な行動ができる一方で、争うことや対立することは苦手な人が多い。浅子は、協調性と誠実性（真面目さ）により仲間に恵まれて仲間に助けられてさまざまな困難を乗り越えてきている。浅子は、夫の信五郎をはじめ、五代友厚、渋沢栄一、大隈重信、伊藤博文など多くの要人に助けられる。決して一人の力で成し得ない偉業ばかりである。

●精神的安定性

精神的安定性の高い人は、ストレス（不安、イライラ等）耐性があり感情が安定している人が多い。反対の概念が神経症的傾向という。これが高いとネガティブな出来事に反応しやすくなるが、決して悪いことではない。浅子は、ネガティブな出来事に反応して（健全なる危機意識を持って）危機管理能力を高めたので、事業を興すことができたと思う。

筆者はこの部分にスポットライトを当てたほうが、浅子像が鮮明に浮かび上がると思う。それを一言でいえば、「ネガティブ・ケイパビリティ」である。

帚木蓬生氏は、著書『ネガティブ・ケイパビリティ　答えの出ない事態に耐える力』で、ネガティブ・ケイパビリティを下記のように定義している。

・どうにも答えの出ない、どうにも対処しようのない事態に耐える能力（３頁）
・性急に証明や理由を求めずに、不確実さや不思議さ、懐疑の中にいることができる能力（３頁）
・不可解さに性急に結論を与えず、神秘さと不思議さに身を浸しつつ、宙ぶらりんを耐えぬく力（52頁）

浅子の生き方をたどると、生みの苦しみを味わっていたようにも思えるので、ネガティブ・ケイパビリティを発揮していたと思う。

性格というと、一般的には変えられないもので遺伝的にほぼ決定してしまうイメージがある。一方スキルとして捉えると、習得し向上させることができる。性格スキルの提唱者であるジェームス・ヘックマンの研究成果を、鶴氏は著書の中で紹介している（前掲書、32頁）。

認知スキルは10歳までにかなり開発されるが、性格スキルは10代以降でも鍛えられるとしている。（中略）性格スキルは認知スキルに比べて後年でも伸びしろがある。

このように、性格スキルを捉えることで、人財投資を行う際に、浅子をロールモデルにする意味があると思う。浅子だからできたのではなく、われわれも非認知能力である性格スキルを開発することで、浅子のような行動がとれるのである。浅子には勇気づけられる。

（2）人財投資の視点とキャリア自律

今までの日本の企業は、ＯＪＴを中心にして認知スキルの向上を図ることを得意として品質の良いものを安く作ることには長けていた。しかし、この成功の方程式は、不確実で正解のない時代には通用しないことは、日本経済の停滞をみれば自明の理であろう。

人的資本経営での人財投資では、人は促成栽培のようにすぐには育たない。特に、非認知スキルは、経験を積み重ねることで身につくので時間を必要とするので、中長期的な視点で見守る（支える）覚悟が経営者には必要である。結果（リターン）をすぐには求めず、いかに我慢できるかである。経営者は、ネガティブ・ケイパビリティを発揮しなければならない。

山本五十六氏の有名な言葉で、誰もが一度は聞いたことがあるであろう。

やってみせ、言って聞かせてさせてみて誉めてやらねば人は動かじしかし、この後の言葉がもっと重要であるが、意外に知らない人が多い。

> 話し合い耳を傾け承認し任せてやらねば人は育たず
> やっている姿を感謝で見守って信頼せねば人は実らず

初めの言葉が、ＯＪＴで認知スキルをつけるスタンスであり、後の言葉が、非認知スキルをつける人財投資のスタンスだと思う。

筆者が浅子を非認知スキルである性格スキルで捉えてロールモデルにした理由は、第一に、人財育成の時間軸を中長期視点に変えること。第二に、経営が求める人財像の中に、認知スキルだけでなく非認知スキルにも着目することを提言したいからである。

後者は、たとえば、創業以来脈々とつながっているＤＮＡのようなものである。そこには、パーパス（存在意義）や経営理念が反映されているはずだ。また、非認知スキルの開発は、ＡＩに代替されない能力開発にもつながる。

一方、投資の対象となる社員も、マインドセットを変えて行動変容をしなければ人的資本経営は成り立たない。社員には、キャリア自律の意識をもった主体的な行動が求められる。究極的にいえば「自分は◯◯したい。◯◯をしなければ自分でいられない」というようなポジティブな心理状態になることである。

この心の状態を心理的資本という。心理的資本とは、将来に希望を持ち、自ら設定した目標に向かって、逆境や困難を乗り越えてでも、自律的に前に進むことができる心の状態である。

心理的資本は「希望（Hope）」「自己効力感（Efficacy）」「レジリエンス（Resilience）」「楽観性（Optimism）」という4つの要素から構成されて、それぞれの頭文字をとり、「The HERO within（自分の中の英雄）」と表現されることもある。

（3）日本的な新しい人的資本経営の提言

人的資本経営では、会社と社員の関係は、今までの支配と依存の関係（タテの関係）から選び選ばれる対等の関係（ヨコの関係）に転換する。具体的には、経営は、社員の成長と学びの機会に投資をし（学びと成長の機会の提供）、社員は人的資本を最大化していく。その結果、会社の中長期的な企業価値が向上し、社員のワークエンゲージメント（活力・熱意・没頭の3つが揃った状態：令和元年労働白書から）が高まる。

さらに、人的資本経営は、社員の働きがいや生きがいを充たして人を幸福にするウェルビーイング経営と目的や社会的意義で人の動機の継続性を生み出すパーパス経営と発展的に融合していく。筆者は、この三位一体（三方良し）の経営を「人・中心の経営（人を軸とした経営）」

図表８-３　日本的な新しい人的資本経営のあり方

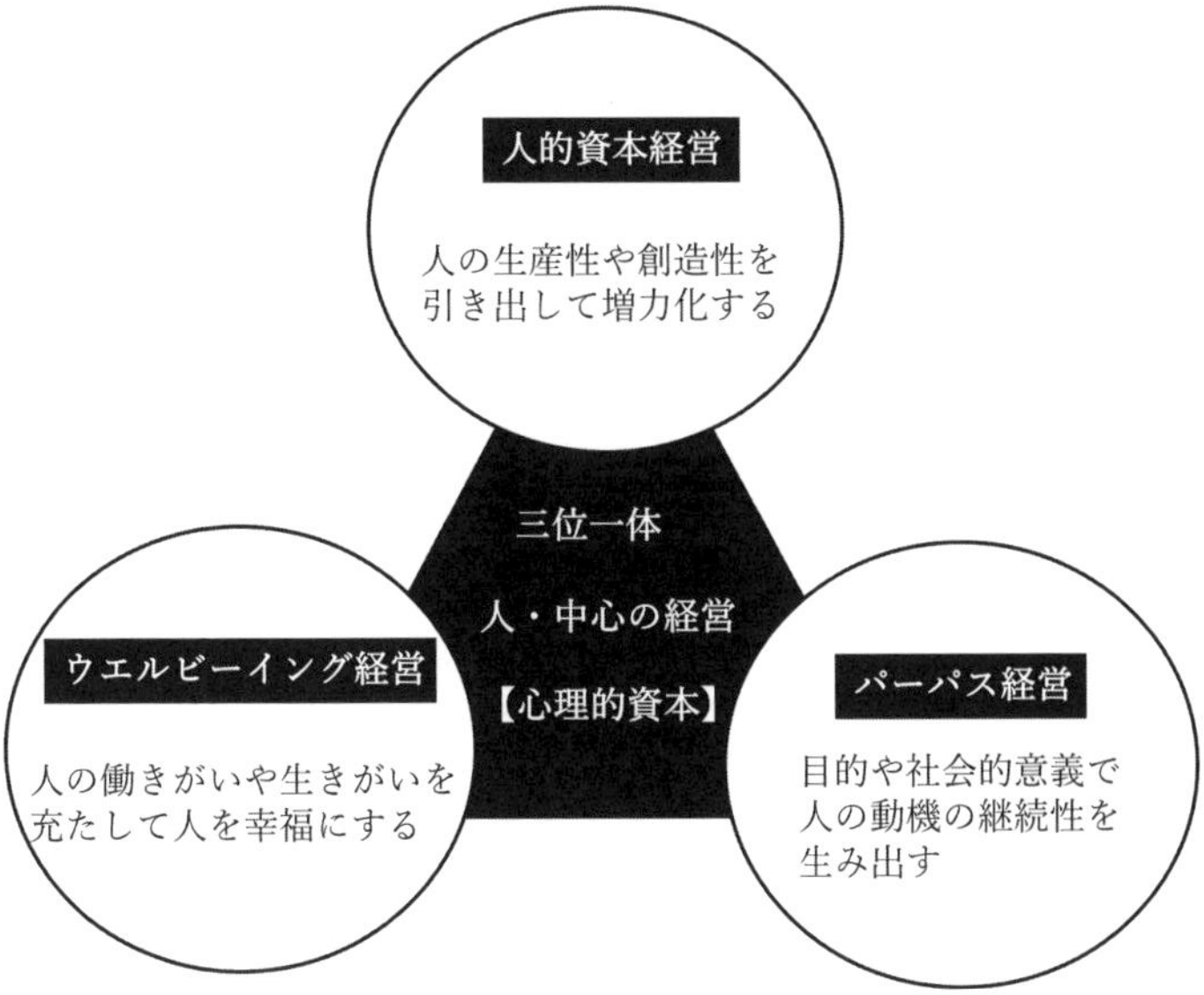

出所：著者作成

と呼びたい。この経営では、心理的資本（ポジティブな心理的エネルギー）が人的資本の土台（エンジン）として機能する。

かつては、日本的経営の強みは「人にあり」と海外から評価された（伊丹敬之教授は人本主義経営と称した）。人的資本経営は、海外が模倣しようとした日本に本家本元があることを認識するべきだと思う。

日本は、人的資本の開示では海外と比較して出遅れたが、海外を追い越す「日本的な新しい人的資本経営」のあり方として「人・中心の経営（人を軸とした経営）」

を提言できる潜在力を温存していると思う。もっというと、人的資本経営の本家本元として新たなモデルを提案する責任もある。

（長田邦博）

【コラム7】 広岡浅子とインテグリティ

幕末から大正の初めにかけては、日本の歴史の中でも一大変革期であった。その動乱の時代に生まれ、偉大な事業を成し遂げた女性経営者の真の姿を紹介するとともに、考察を加えたい。広岡浅子は、近年、小説やテレビドラマで一躍有名になった人物であるが、生まれ育った環境などの背景をたどり、史実に基づき調査すると、その企業経営の手腕は、現代の経営者にとって学ぶべき要諦がうかがえる。

浅子は、1849（嘉永2）年に京都の豪商である三井家に生まれ、17歳で大阪の豪商である加島屋に嫁いだ。お金持ち同士の結婚は本人の意思とは無縁の世界であり、この時代の婦人は「三従の道」を教え込まれる。すなわち父の家では父に従い、夫の家では夫に従い、夫死しては子に従うことをいう。これは江戸時代の思想家である貝原益軒（1630（寛永7）～1714（正徳4）年）があらわした『和俗童子訓』の一部である『女大学』に書かれたもので、武家階級の女性の生き方を方向づけ、現代まで大きな影響を残すことになる。結婚は家族の繁栄であるならば、夫婦の役割分担はその家庭次第である。その意味では、才覚ある女性が経営者になり、家を守る主夫がいてもおかしくはない。ただ、女性の人格が認められていない時代では広岡家は稀有な存在であり、時代の先駆けとなった。

浅子の実家は三井十一家の一つである小石川三井家である。三井家は「大元方」設置による家産の共有や従業員へのボーナスなど、日本の企業文化である共同体経営の礎を築いた。三井家の家祖は三井高利（1622（元和8）～1694（元禄7）年）であり、西洋に先駆け「現金掛値なし」の新商法を起こした越後屋（現在の三越）を開業した。商賣記（1722（享保7）年）によると「三井家商の元祖は此珠法也」との記述が残っている。高利の母である珠法（しゅほう）は、伊勢の大商家の娘であったことから、武家出身で商売に疎い夫に代わり商いを取り仕切っていた。激しい性格の商才のある人物で、神仏への信仰あつく、正直であり、分別あり、知恵・才覚・算用に秀でており、始末すなわち質素・倹約・禁欲においても徹底していた。どうやら浅子の女性経営者としての資質は、実家三井家元祖の珠法から受け継がれたと考えるのが自然であろう。

浅子は嫁ぐ際に、三井家からお気に入りの女中（小藤）を連れてきた。浅子と夫の信五郎には亀子という娘がいるが、難産であったため、小藤を信五郎の側室として4人の子供をもうけている。家族の繁栄のため、また、自らが加島屋の事業再興に心血を注ぐための手段でもあった。信五郎は良家のお坊ちゃまで、おおらかな性格であったことが浅子の才覚を開花させたのであろう。浅子は、事業再興のなかで、正しい判断をするために常識を疑い、どのようにすればうまく物事を解決できるのかを実践し、加島屋と自分に降り注いできた困難に立ち向かう中で「生きる力」を鍛えてきたと思われる。

インテグリティという多義語がある。その和訳は、「誠実」「高潔」「正直」「統合」「完全」など、多くの豊かな意味が込められている。ただ、一般的には「誠実」など限定的な範囲で認識されている。

Integrityの語源は、ラテン語のIntegritasに遡り、「完全」を意味する。13世紀のイタリアの神学者トマス・アクィナス（１２２５年頃～１２７４年）によると、神に由来する「人間の維持すべき身体の完全な状態」であると説いている（小宮山、２０１８）。その派生語のひとつがintegerであり、「整数」を意味する。端数がない完全な数という捉え方である。他の派生した言葉にintegralがあり、「積分」を意味するが、細かく分けたものを積んで集めて完全にする考え方のことである。また、同じく派生語であるintegrateは「統合」を意味する。企業の公開情報である統合報告書などにも使われており、企業の財務情報、非財務情報を統合して、ステークホルダーに対する情報公開として完全なものにする企図がある。

Integer, Integral, Integrateは、和訳すると関連性が希薄であるが、いずれも「完全」が骨幹である。Integrityも同様に欠けたところがないさまから、一般化した和訳として「誠実」「高潔」に至ったと類推できる。つまり、現象として真摯な態度や行動、品性が現れるが、その本質は自己の信条と行動の一貫性と捉えることができる。

話を戻すと、浅子の加島屋再興の目的は、子々孫々の持続可能な事業経営を軌道に乗せることであった。そのため、事業経営を番頭が仕切る奉公人制度から、若く優秀な学卒の採用（この実践は、後の日本女子大学設立、女性が活躍する社会の実現につながる）により、近代的な企業経営にパラダイムシフトした。浅子は、実家の三井家の商売に倣い、加島屋再興のために北九州で鉱山事業を営む。人々がまだ石炭の価値を知らないときに、日本にとって、米よりも必要なものは石炭である、と採掘に着手し、イノベーションを起こした。浅子の生い立ちがブレない信念と行動力を生み出し、先見の明を養ったといえる。

浅子は、道徳も経済と一致して初めて堅固なものになり、経済と一致しない道徳は偽善であり、虚飾であるという。大塚（２０１９）によれば、インテグリティは常に高みを目指そうとする「動的」な要素があると示唆している。浅子の「九転十起」の精神は、インテグリティの考え方そのものであり、企業経営において、人間性、経済性、社会性が渾然一体となった完全性の追求を実践したと思われる。

現代の本音と建て前の使い分けや、忖度が蔓延る経営には、インテグリティが希薄である。人間性、経済性、社会性の間で起こるトレードオフやジレンマを認識したうえで熟慮し、トップダウンで対応策を浸透させる首尾一貫性が企業経営に求められている。ビジネス（本業）を通じた社会課題の解決を求める両利きの経営には、全社員が共感できる経営理念、価値観が不可欠であり、インテグリティとは不可分の関係であるといえる。浅子の「生き方」そのものが、独創的な価値観を創り、企業文化へと昇華し、さらにサステナビリティ経営に向かうことを示唆している。一人の女性経営者のインテグリティが、現代の企業経営者の羅針盤になりうることを含意する。

（村瀬次彦）

【第9章】 ＳＤＧｓ的視点でみる、関係者連携と変革の起こし方〜広岡浅子に学ぶ

広岡浅子は、日本を代表する実業家で大同生命の創業者であり、日本女子大学の創設にもかかわった。

浅子について研究している歴史学の吉良芳恵・日本女子大学名誉教授によれば、浅子は、これまで歴史研究において先行研究が少なく、「ほとんど知られていなかった人」なので、逆に既存の分析にとらわれることなく、自由に資料を読み込むことができた、という（大同生命保険ＨＰ「大同生命の歴史」より）。

そこで、筆者としては、浅子の時代にはＳＤＧｓはなかったが、広岡浅子という実業家の業績の一端から、現代のビジネスパーソンにとって必須となっているＳＤＧｓ推進へのヒントを探る。２０１５年９月に国連全加盟国１９３か国の合意文書「我々の世界を変革する：持続可能な開発のための２０３０アジェンダ」（以下、「２０３０アジェンダ」）に盛り込まれたＳＤＧｓ（持続可能な開発目標）の正しい理解と推進は現下の喫緊の課題である。

1．VUCAの時代

最近、世界の人々の健康と価値観、地球環境、国際ルールを激変させる出来事が次々と起こっている。外交・安全保障も、大きな変化を迎えている。

現在の企業経営の外部環境は、「先行きが不透明で、将来の予測が困難」な状態を意味する「VUCA（ヴーカ）」の時代に入ったといえる。V（Volatility：変動性）、U（Uncertainty：不確実性）、C（Complexity：複雑性）、A（Ambiguity：曖昧性）である。

筆者は、農林水産省、環境省、外務省での31年間の行政、株式会社伊藤園取締役としてのビジネス、そして千葉商科大学教授という、「産官学」の経験をしてきた。その経験から、これほどのVUCAの時代はなかったうえ、強烈な速度で変化する時代に入ったと実感する。

浅子が生きた時代も現代に類似する、まさにVUCAの時代であった。

20歳の時に明治維新になりさまざまな変革と混乱を経験した。実業家になってからも、日清戦争（1894（明治27）年）、日露戦争（1904（明治37）年）などの戦争が起こった。多くの死傷者が出る「総力戦」で、経済的に困窮した女性が急増した。

このようなVUCAの時代に生き抜いた、当時ではまれな女性実業家が、浅子であった。

2. 広岡浅子の「九転十起」

(1) 変革の羅針盤

次から次へと変革が求められるときには「羅針盤」が欲しいところだ。浅子の場合は、持ち前の探求心と突進力で、当時のさまざまな重鎮からの影響も受けたと考えられる。

たとえば、五代友厚である。五代友厚は、1836(天保6)年に鹿児島に生まれ、欧州に留学、神戸事件、堺事件と続く外国人殺傷事件の解決に奔走し、1868(明治元)年、外国事務局判事として大阪在勤となった。これが大阪とかかわる第一歩であった。

五代は東の渋沢栄一と並び称される。業績の一つが大阪株式取引所(現在の大阪取引所)である。「大阪商工会議所100年の歩み」によると、五代こそは大阪の育ての親であるとしている。五代は加島屋とも多くの接点があったという。

その後、浅子は、日本女子大学の創立者となる成瀬仁蔵と出会った。女子大学設立のための金銭的な支援に加えて、浅子自らが政財界の有力者の元を訪れ、発起人組織の立ち上げにも尽力した。この結果、渋沢栄一や大隈重信を含む政財界の名だたる人物から協力の約束を取り付けることができた。この過程で『論語と算盤』を著した渋沢栄一との交流もあった。

このように、当時を代表する実業家や思想家との交流により、浅子なりの「羅針盤」を持てたのではなかろうか。

浅子は、ビジネスについて次のように述べている。

「米国の富豪は、国民のため人道のため世界のために、金儲けをしているのであって、封建鎖国的因習に捕らわれている我国の富豪などの到底企（き）及（きゅう）すべからざる精神をもって立っている」（以下、浅子の言葉は、『人を恐れず天を仰いで、復刊『一週一信』』より）

このように当時の米国を例示して、ビジネスと社会課題への対応について日本の違いを意識していた。

大阪商工会議所前の五代友厚像（左）、土居通夫像（中）、稲畑勝太郎像（右）

筆者撮影（2023年６月）

（２）「九転十起」

浅子の考えを知ることができる数少ない資料として、１９１８（大正７）年12月に発刊した『一週一信』（婦人週報社）がある。その時のペンネームが「九転十起生」であった。浅子の羅針盤の要素は、「九転十起」に流れる5つの精神であると整理できる（プロローグ参照）。「九転十起」は浅子の「生き方理念」であり、筆者の表現では「羅針盤」である。

5つの精神とは次のとおりである。

①一期一会（いちごいちえ）：一生に一度だけの機会。生涯に一回しかないと考えて、そのことに専念する意。

②管鮑之交（かんぽうのまじわり）：互いによく理解し合っていて、利害を超えた信頼の厚い友情のこと。渋沢・五代との交流などきわめて親密な交際が該当する。

③当機立断（とうきりつだん）：機に臨んで、すばやく決断すること。

④疾風勁草（しっぷうけいそう）：苦境や厳しい試練にあるとき、初めて意志や節操が堅固な人であることがわかる。

⑤重見天日（ちょうけんてんじつ）：暗い状況から抜け出すこと。悪い状態から脱却し、再びよいほうに向かうこと。

この5項目の日本語は英語よりもわかりやすく、困難な時代における「羅針盤」として参考になる。

3. 広岡浅子が現代に残したレガシー

(1) 浅子のDNAが残る大同生命保険株式会社

浅子が創設にかかわった大同生命保険株式会社を見てみる。

同社は、ポーター賞（２００１年7月に創設）を２００４年に受賞。ポーター賞は、米ハーバード・ビジネススクールのマイケル・Ｅ・ポーター教授の名前に由来し、毎年4社を選定している（運営：一橋ビジネススクール国際企業戦略専攻（一橋ＩＣＳ））。

その狙いは、製品、プロセス、経営手腕においてイノベーションを起こし、これを土台として独自性がある戦略を実行し、その結果として業界において高い収益性を達成・維持している企業を表彰するものである。

同社のトップメッセージでは「中小企業で働く方とそのご家族のウェルビーイングが実現する社会」の創造を目指す（代表取締役社長 北原 睦朗）とし、次のように浅子に触れている（同社のホームページ）。

当社の礎を築いた大阪の豪商「加島屋」は、精米業、両替商などを営みながら、やがて生命保険事業に参画します。加島屋の経営陣がすべての事業において大切にしていたのが「三方よし」の考え方でした。（中略）また、広岡浅子をはじめ、生命保険の社会的意義をいち早く理解した加島屋の経営陣は、「社会の救済」と「人々の生活の安定」という想いを託し、生命保険事業に参画しました。

そして、現在は、２０１５年の２０３０アジェンダ／ＳＤＧｓやＣＯＰ21「パリ協定」に触れつつ、「サステナビリティ経営」を推進するとしている。

結びには、これまでの歴史を紡いできた先人たちが大切にしてきた〝創業時の想い〟をしっかりと受け継ぎ、全社一丸となって「サステナブルな社会の実現」に取り組んでいく、という。

同社では、創業120周年記念事業の一環として、関係者との連携での加島屋研究の成果である「加島屋本宅再現模型」を制作し、2022年7月15日（120回目の創業記念日）より、大阪本社特別展示『大同生命の源流〝加島屋と広岡浅子〟』で一般公開している。

（2）浅子とSDGsへの示唆

ホームページの「大同生命の歴史」のコーナーは充実しており、浅子とSDGsについての次の記述がある。

浅子の考えは、SDGsの目標1「貧困」だけでなく、目標4「質の高い教育」、そして目標5「ジェンダー平等」を、明治時代から志向していたことに驚かされる。女性を貧困から救い安定した経済力を持つために授産事業を推進し、さらには事業や組織の中心となる女性の活躍を求めた広岡浅子。その考えは、現在の「SDGs」や「女性活躍社会」を先取りしたものだったといえるのではないか。

筆者としてはこれに加えて、以下のように考える。

２０３０アジェンダとＳＤＧｓでは、特に企業の役割が重視され、企業には本業による社会課題へのアプローチを期待し、「創造性とイノベーション」が求められている。マイケル・ポーターらが２０１１年に提唱したＣＳＶ（共通価値の創造）としての実践といえる。社会課題と経済価値の同時実現を目指す競争戦略である。

社会課題として世界合意のあるＳＤＧｓには17目標と１６９のターゲットがある。これに対し、ＣＳＶとしてアプローチするのである。

浅子による大同生命の創設などの実業家としての活動をＳＤＧｓに当てはめると、上記に加え、目標９「イノベーション」や目標８「成長・雇用」などが関連する。そして全般を通じ目標17の「パートナーシップ」の実践を加えたい。

大同生命は浅子のＤＮＡを生かし、ポーター賞も受賞し、ＳＤＧｓをＣＳＶとして実践している代表的企業事例になっていると評価できる。

（3）女子教育：日本女子大学

浅子が感銘を受けた『女子教育』を著した成瀬仁蔵との出会いが重要である。

成瀬は１８５８（安政５）年、現在の山口県で生まれ、幼少のころは幕末の動乱を身近に見ながら、明治維新の変革によって禄を失った父の家塾を手伝い、山口県の教員養成所に学び、小学校長などをつとめた（日本女子大学ホームページ参照）。

大学創立にあたり「自らの人格を高め、使命を見いだして前進する」という理念を掲げ、女性が社会で力を発揮できる思考力と実践力を育んできた。成瀬の盟友にして第三代校長が渋沢栄一である。

浅子は成瀬との出会いについて次の言葉を残している。

「四十五、六歳の時、ある知人の紹介で成瀬仁蔵氏から、我が国に女子高等教育の必要なる由を説かれました。これこそ私が少女時代から寸時も念頭を離れなかった、我が国女子を哀れな境遇から救わんとの熱望を果さるべき光明であるかのように覚えました」

浅子はジェンダーについて次の考えを持っていた。

「真理の立場に立って見るときには、人は男女でなくして人である。この根本義を忘れて、男女という枝葉の差別的問題に拘泥し、これを過重（かちょう）して宗教的にも教育的にもあるいは社会的にも男女の区別を立て通そうとするのは、人の子を誤らしむることの第一義である」

こうして、日本女子大学の運命的な創立につながる。ＳＤＧｓでいえば、目標４の「質の高い教育」と目標５「ジェンダー平等」の２つに直接関連する。創立にあたっては目標17のパートナーシップを実践した結果と見ることができる。

４．ポストＳＤＧｓでの「九転十起」

（1）ポストＳＤＧｓへの企業の役割

翻って、われわれが直面するＳＤＧｓに関する現況について考えると、２０２３年12月19日に、政府の全閣僚をメンバーとし内閣総理大臣が本部長を務める「ＳＤＧｓ推進本部」が開かれ、日本におけるＳＤＧｓ推進の基本を定める「ＳＤＧｓ実施指針」（２０１６年に策定）について２回目の改定が行われた。

改定版では、ＳＤＧｓ採択後８年経ち折り返し点を越えたが、２０３０年までのＳＤＧｓ達成に向けた進捗も大きな困難に直面しているものの、国際社会において、２０３０年までのＳＤＧｓ達成を目指すという「大きな方向性に揺らぎはない」と述べている。

この点は、ＳＤＧサミットでも、国際社会全体として、ＳＤＧｓ達成に向けた取組を加速していくことへの強いコミットメントが改めて確認されている。国連事務総長は、２０２３年９月に開催されたＳＤＧサミットにおいて、ＳＤＧｓのターゲットのうち進捗が順調なものは約15％に過ぎず、半分近くは不十分、約30％に至っては停滞・後退しており、２０３０年までのＳＤＧｓ達成に向けた国際社会の歩みが危機的状況にある旨強調した。

このように、２０３０年までのＳＤＧｓの達成は極めて難しい状況にあり、ＳＤＧｓが期待する企業の「創造性とイノベーション力」を発揮して対応を加速する必要があるのは疑う余地がない。

さまざまな日本の課題もある。経済協力開発機構（ＯＥＣＤ）による２０２２年版報告書では、わが国はＯＥＣＤ諸国の平均との比較において目標８「成長・雇用」、目標９「イノベーション」等で進展がある一方で、目標５「ジェンダー」、目標10「不平等」等で課題があると指摘されている。

（２）ポストＳＤＧｓと大阪・関西万博

ＳＤＧｓは２０１５年９月に採択以降、４年ごとに達成度の確認を行うため、２０１９年、２０２３年にＳＤＧサミットが開催された。次回は２０２７年であり、２０３０年まであと３年というタイムラインになる。

ＳＤＧｓの前身であるＭＤＧｓは２０００年から２０１５年までの期間で、終了３年前の２０１３年から次期の在り方について議論が始まり、３年間の議論を経て２０１５年にＳＤＧｓに結実した。これに倣うと、２０２７年にはいよいよ、ポストＳＤＧｓの議論が本格化するであろう。

その議論をリードするためには、２０２７年からポストＳＤＧｓの議論をしているのでは到底間に合わない。今からＳＤＧｓの状況分析を重ね、２０２７年には提案をまとめておかねばならない。

２０３０年に向けたＳＤＧｓの折り返し点を超えた今、２０２４年を「ポストＳＤＧｓの検討元年」にしたい。当面ＳＤＧｓの実践を深めながら、ポストＳＤＧｓの要素も探るという複雑な流れになる。

さて、どう対処すべきか。ＶＵＣＡの時代には、九転十起が参考になる。

「一期一会」と「管鮑之交」は、ＳＤＧｓでいえば、目標17のパートナーシップにつながる。「当機立断」や「疾風勁草」は経営者やリーダーとしての決断力とスピードにつながる。また、「重見天日」は物事を見るうえでの「ポジティブ・シンキング」である。

これらを要素とする「九転十起」は、ＳＤＧｓで求められている「level of ambition」（意欲ある目標）や「moonshot」（チャレンジ力）の要諦である。

最近は変化の中でのリーダーの決断の遅さが指摘される。また、日本をめぐるさまざまなランキングの低迷は、日本人が自信を持ちにくくしている。

このようななかで、浅子の「九転十起」の精神や実践の教訓を生かせば、日本人としての自信を持つことができる。今の時代の要請であるＳＤＧｓの実践に生かしていくことが期待される。

幸い日本では、ＳＤＧｓをテーマにしている２０２５年の日本国際博覧会（大阪・関西万博）等の機会も利用して、国際社会に対する発信を強化していくこともできる。五代と縁の深い大阪商工会議所の役割も期待される。

（３）ＮＨＫ朝ドラ：メディアの役割

浅子という「ほとんど知られていなかった人物」にスポットライトを当てたのは、ＮＨＫの連続テレビ小説（朝ドラ）であった。２０１５年9月28日から放送された（全１５６回）。

吉良芳恵氏も改めて広岡浅子という「パワフルな」女性実業家の存在を知ったという。

現在のＣＳＲ（企業の社会的責任）は２０１０年発行のＩＳＯ２６０００（社会的責任の手引き）で明確化されているように、企業は本業を通じた継続的な活動が期待されている。

ＮＨＫによる幅広く国民に気づきを与えるドラマの制作自体が、ＮＨＫの番組制作と配信という本業を通じたＣＳＲ活動である。また、現在は、ＮＨＫがＳＤＧｓ活動を幅広く普及するため、国連との間で結ぶ「ＳＤＧｓメディアコンパクト」に参加しているので、その活動の一環といえる。

朝ドラのような視聴率の高い番組を「ＳＤＧｓメガネ」で見ると、興味深い。まずはＳＤＧｓの17目標を当てはめてみると理解が進む。「ＳＤＧｓメガネ」にすると、ＳＤＧｓの当てはめを通じて、「ＳＤＧｓ頭」になっていく。頭の次は「ＳＤＧｓアクション」の実践が重要だ。視聴者は身近なところから関係者との間でＳＤＧｓを共通言語として使って、自分の課題の抽出にも寄与していくことができる。

このようにメディアは、ＳＤＧｓのアドボカシー（普及啓発）に大きな役割を担う。

（4）ポストＳＤＧｓへの広岡浅子の示唆：「九転十起」

ＳＤＧｓは自主的取組みであるので、突き詰めると文明論の側面がある。ＳＤＧｓの取組み方も国の文明によって異なるとつくづく思う。

日本には、和の精神や「三方良し」（自分良し・相手良し・世間良し）のようなマインドがある。このようなマインドがある日本はＳＤＧｓを加速させるポテンシャルは極めて高い。ところが、これが「くせ者」だ。このため、「わざわざ外来のＳＤＧｓなどいらない」との議論になりやすい。ここが運命の分かれ目になる。

和の精神や三方良しはよいが、今のところ世界には通用しない。それは陰徳の美を良しとして、あえて自分から発信しないことが多かったためだ。

そこで、三方よしを補正して、「発信性」を加えるべきと考え、私は、「発信型三方良し」を提唱してきた。「三方良し」の「世間」の課題が、今はＳＤＧｓだと考えればよいのである。

つまり「発信型三方良し」を「ＳＤＧｓ化」していけば世界に通用する。これが現代版「三方良し」だ。

今回は浅子から学び、「発信型三方良し」の深化につなぐため、これに「九転十起」の心得を加えたい。浅子の「九転十起」の精神は現在の日本人が参考にすべき理念である。

終わりに、浅子の次の言葉を挙げたい。現在の「人的資本経営」やリスキリング、アップスキリングなどを考えるうえで、年齢ではなくあくまでも「適材適所」であるという本質をついている。

「老といい、壮と称するは、腕と力と人格とによってこれを定むるのほかはない。老者必ずしも老朽たらず、壮者必ずしも有用の材たらず、青年者必ずしも人格者たらざるのである」

（笹谷秀光）

Ⅳ 広岡浅子と加島屋の足跡をたどる

【第10章】 激動を越えて続く金融ビジネス 〜米相場、大名貸と加島屋

1．シカゴのお手本

「組織化された先物取引所は、1730年の大阪米会所を嚆矢とする」

（Melamed, 1996, p.334）

1932年ポーランド東部の都市ビャウィストクに生まれたレオ・メラメド氏は、7歳の時にホロコーストから逃れるため両親とともにリトアニアに移った。その地で日本領事館副領事であった杉原千畝氏から「命のビザ」を受け取り、シカゴに移り住むことができた。シカゴマーカンタイル取引所（CME）で頭角を現し、36歳で理事長に就任した。72年に世界初の通貨先物取引所（IMM）を創設するなど、金融先物市場の創設と発展に尽力した人物として知られる。

大の日本びいきであるのは言うまでもない。一つは日本政府の訓令に逆らってまで杉原氏が

見せた人道的な振る舞いへの感謝であり、もう一つは３００年前に世界に先駆けて先物取引市場を開拓した加島屋久右衛門（屋号、略して加久）ら大阪商人への敬意からである。１９８０年代、ＣＭＥの展示フロアには徳川吉宗らしい殿様のイラストとともに「先物取引の生みの親は徳川将軍」との説明文があり、見学に訪れた日本人を驚かせていた。

「鎖国時代の米相場を、百年ほど後に始まったシカゴ市場と結びつける史料は見つかっていない。それでも長崎のオランダ商館長が立ち寄ったとみられる記録は残っている」（97年3月31日付朝日新聞『天声人語』）。大阪で編み出された精緻な先物取引を取り上げた報告書がオランダ本国を経て、17世紀にはニューアムステルダム植民地（現在のニューヨーク）が存在し、その後もオランダとは縁浅からぬアメリカに渡った可能性は否定できない。堂島米会所は地球規模のロマンを掻き立てられ、先人の知恵への畏敬を禁じ得ない。

2. 堂島米市場の歴史

江戸前期にいち早く栄えたのは京都だったが、17世紀後半には大阪に移る。瀬戸内海に面し、大小の河川や運河が張り巡らされた大阪は水運による物資の集積地として最適なうえ、後背地に手工業地帯が広がり商工業の発達が見られたためである。なかでも重量が大きく、嵩張る米の取引には好都合だった。

ここで江戸時代の経済発達の流れを確認したい。戦国時代が終わり、社会が安定する中で一気に進んだ新田開発ブームは19世紀半ばまで続き、明治維新につながる。高島（２０１７、１３８頁）によれば、全国の総石高は１６００（慶長５）年に３０６７万石だったのが、１７２１（享保６）年には１・６倍の４８８０万石に増え。その後も１８０４（文化元）年５８８０万石、１８４６（弘化３）年６７０６万石と伸びている。背景には、平野部における新田開発の拡大、集約農法の普及、灌漑・施肥・農具の発達、品種改良などが挙げられよう。

江戸時代は「米遣い経済」と呼ばれるように、将軍家も大名家も収入源は年貢米であり、換金して本国や江戸藩邸、参勤交代などの経費を賄っていた。このため、農村の安定が何よりも重要であり、さらには新田開発による収量増を期待することとなった。

この米本位制は、大きな矛盾を抱えていた。毎年の豊凶で収量がぶれるだけでなく、人口推移や社会変動による需給の変動でも価格は大きな影響を受ける。増産に合わせて人口も伸びれば、米価は堅調に推移するが、18世紀に入ると人口は停滞して米余りが見られるようになった。貨幣経済の浸透で経済活動は一段と活発になり、物価は上昇傾向なのに、肝心の米価は低迷する「米価安の諸色高」状況に陥った。武士階級にとっては赤字経営が常態化する深刻な事態である。

江戸時代初め、米は仲買人の値決めで取引されていたが、公正な価格形成にはほど遠かった。そこで大阪の豪商淀屋は米市の設立を幕府に願い出て、中之島に米市を開いた。米の流通を先導するマーケットが、現在の淀屋橋南詰辺りに誕生した。

取引量が膨らむなかで売買の成立を裏づける手形（後の米切手）が登場し、所持人が蔵屋敷などで米と交換する仕組みもつくられた。当初の米市場は現物取引が原則だったが、しだいに手形そのものの売買に発展していく。１６９７（元禄10）年に米市場は中之島の対岸にある堂島新地に移ったが、幕府は米切手の売買は「不実商内」、つまり投機性を帯びた取引であることから禁じていた。

しかし、米取引の厚みを保ち、価格の安定、さらには上昇につなげることが最重要課題であった幕府は方針の転換を迫られることになる。１７３０（享保15）年８月に出された町触は大きな転機を示している。

それまで市場経済の浸透が米本位制の根幹を揺るがすことに危機感を持ち、マネーゲームを警戒してきた江戸幕府が先物取引を認める姿勢に転じたのである。一向に米価が上昇する兆しを見せなかったからである。投機的な売買も加わることで取引の厚みが増せば米価にも好影響が及ぶとの思惑が背景にある。

以下にその町触の概要を示す。

「大坂米商之儀古来致来候通之仕方を以、流相場商諸国商人并大坂中買共勝手次第可仕候、両替屋之儀も、有来候五拾軒余之両替屋共取計之、相対次第敷銀其外相場差引勘定等之儀、前々之通致商、随分手広ニ仕、少ニても米商之障に成候無之様ニ可致候、畢竟米相場宜成候ため之事候」（高柳ら、1934、948頁）

大阪の米取引について、諸国の商人や地元の仲買業者が手掛けてきた「流れ相場商い」を認めるとともに、米切手取引の清算業務は実績のある50軒ほどの両替商が引き続いて担当し、取引決済ルールについてもこれまでどおりとすることを明示している。

高槻（2018）は次のように指摘する。「江戸幕府は重要なことを付け加えている。『つまるところは、米相場が宜しくなるため』の処置である、との一文である。手広く売買をしても構わないが、それは米相場を適切な水準に保つための措置であり、それをわきまえたうえで取引を行うように、と釘を刺している」（60頁）。

堂島米市場の跡地にある
米をかたどったモニュメント
筆者撮影（2023年11月）

たしかに「畢竟米相場宜成候ため之事」の一文からは米本位制が商品経済の荒波に翻弄されている事態に反発しつつも、米中心の財政運営を続けるためには市場経済の浸透に追随するしかない幕府の苦衷（くちゅう）がにじみ出ている。浅子の嫁ぎ先のルーツ加久が大阪経済史の表舞台に飛び出す時期を迎えた。

3. 加島屋の役割

加久について、加島屋文書を研究してきた廣岡家研究会（2017）は「創業時には米取引業に従事していたが、18世紀に入って両替業に軸足を移して以降、銀行業、保険業と、金融業を経営の軸とし、現在の大同生命保険株式会社に事業が受け継がれている」（304頁）と簡潔にまとめている。

堂島米市場を公認した翌年に、幕府は主立った米仲買5軒を米方年行司（米年寄）に任命し、市場の運営や監督にあたらせている。排他的営業権を持つ株仲間が公認され、米方年行司には加久（4代目当主・広岡吉信）が名を連ねた。年行司は毎年12月交代で町奉行がこれを任命した。加久は初代を務めた後は仲買業務に徹したとされるが、その影響力の大きさから、近世経営史の大家である宮本又次は「外に対しては浜方を代表し、内に対しては浜方を取締っていた」

（宮本、1957、214頁）としている。

加久が家業にしたのは堂島の米仲買を対象とした米方両替だ。多くの仲買による売買データを集約して決済処理を行う清算機関、今でいうクリアリングハウスである。後には鴻池と並ぶ豪商とされるまでになった加久だが、金銀の貸付、手形の振出、為替の取組みなどを営む本両替の中核「十人両替」には含まれていない。『両替商沿革史』（1903）では「素封家ニシテ両替類似ノ商業ヲ為シ居ルモノ　即チ徳川家ノ御用及ビ諸藩ノ掛屋蔵元ナルモノ」の筆頭として加久が登場し、長州、中津その他の藩への大名貸をしていることを明記している（8頁）。

ちなみに堂島米市場は1869（明治2）年に明治政府によって廃止され、2年後に堂島米会所として再興されたが、往時の影響力は失せていた。それでも浅子の義弟で加久の9代目正秋は後継の堂島米穀取引所で理事長を務め、米相場とのつながりは続いた。

4．入替両替への展開

諸藩の年貢米や商品作物の管理をする「蔵元」、米切手の発行業務の代行や代金の回収を扱う「掛屋」の業務に加え、加久は「入替両替」も手掛けたことが後の躍進につながる。これは、堂島米市場で米切手を取引する米仲買商人を相手に、米切手を担保として投資資金を融通する証券担保金融である。薄利の売買手数料ビジネスに比べ、取引リスクを伴うものの利幅は大きくなる。株式や商品取引の仲介業者が、金融業務に進出した格好だ。堂島米市場の初代米年寄で、1765（明和2）年に没した加久4代目吉信の遺言がある。

「万事しかと心に相慎み、身を固め、相勤め申すべく候、もしおごりがましき儀、または博奕・遊女狂など致し候か、第一は浜商など致し候はば、我ら存念に叶い申さず候間、その所相慎み申すべく候」（高槻、2022、81頁）

遊興にうつつを抜かすことを禁ずるのは当然といえるが、浜商について「存念に叶い申さず」と書き添えてあるのは注目される。浜といえば堂島浜、すなわち米市場のことであり、そこでの自己勘定での取引、つまりディーリングを厳禁していることが読み取れる。

今でも日本証券業協会が証券会社の役職員に信用取引、先物・オプション取引といった「投機的利益の追求を目的とした取引」を禁ずる規則を設けている。当主が言い残したことばは現代にも通ずる。

加久は米方両替、入替両替による収入で規模を拡大する一方、米取引を通じて関係を深めている大名家との金融業務に舵を切っていく。大阪商人の格付けリストともいえる浪華持丸長者番付が残っている。1825（文政8）年版では最高位の大関に鴻池とともにランクされ、別の版元から出された1822（文政5）年版で鴻池、三井、住友に次ぐ西関脇とされた。また分家で後に浅子が嫁ぐ加島屋五兵衛（屋号）は、いずれでも西の前頭である。投機の誘惑を断ちながらも、ある意味ではそれ以上のリスクを抱える大名貸に注力したことがさらなる躍進につながった。

5．最先端の取引システム

大名貸を考える前に、米国シカゴ市場が礼賛した江戸時代の米取引の仕組みを紹介したい。売り手と買い手がその場で所有権を受け渡す一般的な現物取引（正米取引）に加えて洗練され

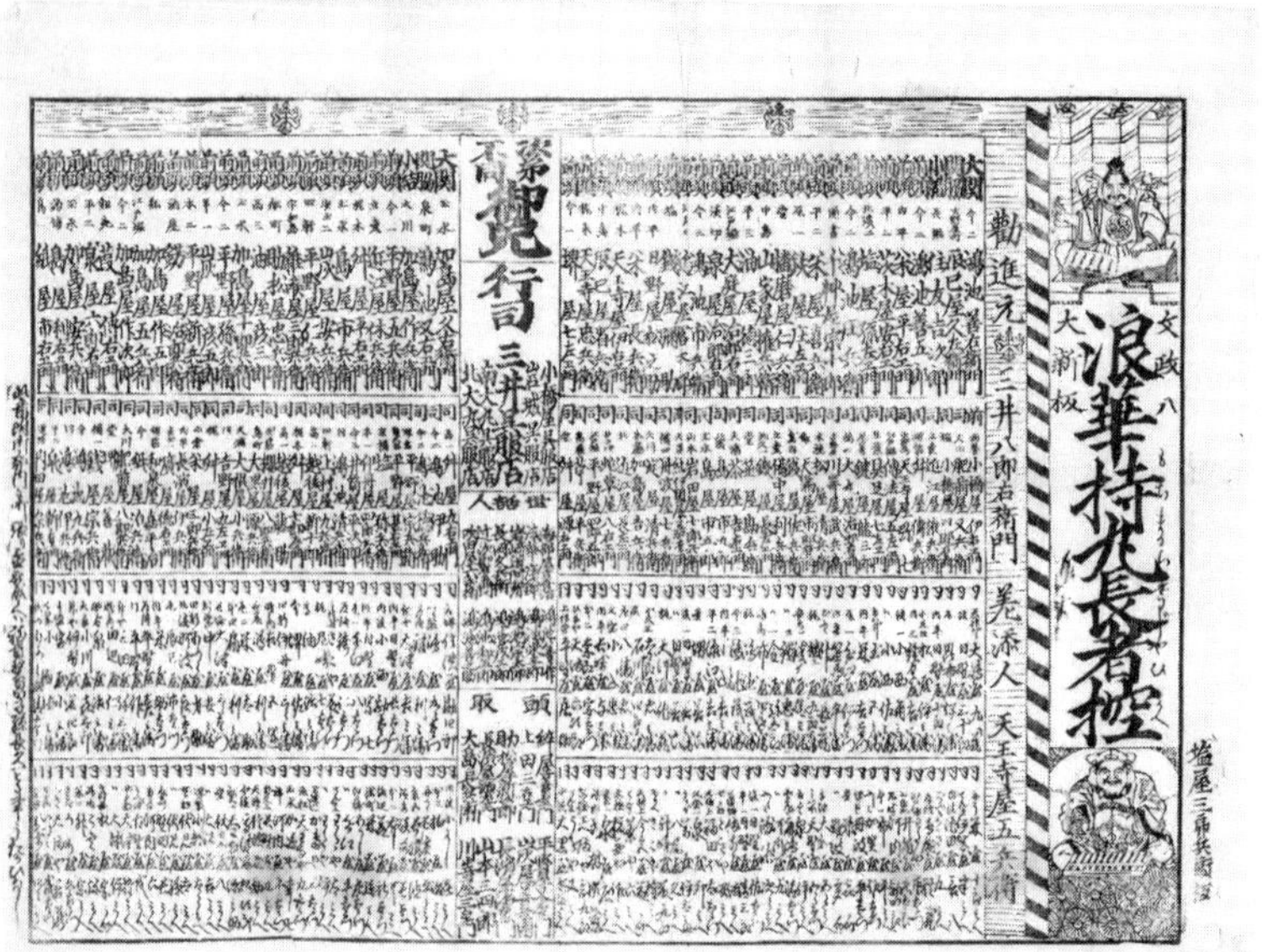

加島屋が西大関にランクされている1825（文政8）年版長者番付

出所：大坂市立中央図書館所蔵

た先物取引があり、帳合米取引あるいは空米取引と呼ばれた。また、それによって形成される相場を帳合相場、空米相場と呼んでいる。

帳合取引は「建物米」と呼ばれる架空に設定された銘柄を対象にした取引であり、満期日までに反対売買して清算しなければならない。全国の米相場の先行指標の役目を果たすとともに値動きの平準化をもたらした。さらに正米取引と帳合取引で反対方向の売買をすることで価格変動に伴う損失を抑えることができるため、一種の保険（掛けつなぎ取引、リスクヘッジ）の役割も有した。現代の日経平均先物など指数先物取引に近い性格を持っている。

6．大名貸へのシフト

大阪商人が大きく飛躍するときが来た。商工業の繁栄で富を蓄積した面々は単なる物流から大口のリレーションシップバンキングに進出する。「年貢米販売代金の出納、保管、送金業務から大名貸に関わるようになった」（宮本ら、２００７、８頁）のである。

年貢米を財源に運営される諸藩にとって、金融業者との取引は不可欠だった。米の収穫期までの資金繰りが欠かせない。さらに幕府は諸藩に経済的な負担を強いることを厭わなかったからだ。

貸し手から見ると、毎年持ち込まれる年貢米の代金が裏付けにある継続的な金融取引であり、米切手を介した単純な売買ではなかった。大名貸に長けた加久は「江戸幕府が町人に対して行った半強制的な募債（御用金）や、大阪市中で実施された各種施行において、常に最高額を負担した、大坂を代表する豪商であった」（廣岡家研究会、2017、304頁）。

たとえば、1761（宝暦11）年に幕府が初めて大阪で募った御用金では、加久は鴻池、三井と並んで最大の5万両の拠出をもとめられている。幕府が大阪で編成した融通方と呼ばれる金融集団に属し、急拡大した市場経済、金融経済のもとで旧来の米本位制を墨守しようとする幕府との接点に位置していたのは間違いない。

三井惣領家の第3代高房が家憲を説いた『町人考見録』では、大名家を相手にした取引の魅力とリスクを述べている。

「その大名借の金銀、約束の通取引有之候得ば、此上もなき手廻しにて、人数はかゝり不申、帳面壱冊にて、天秤壱挺あると埒明き、誠に正真の寝て居て金儲けとは此事也、古語の如く、一得あれば一失ありとて、左様のうまき事は大なる尻が来るもの也」（三井、1969、73頁）

町人向けの小口金融に比べて手間がかからず、帳面と天秤ばかりがあれば済むという魅力がある。リスクプレミアムが期待できたが、踏み倒しの危険を常にはらんでいた。筆者の取材に「大名側に返済の義務はなく、将来の利害を考えて、返済の要否を判断している。強制的な取り立ては公金が加わったものでないとできないのだから、リスクは大きい」と高槻泰郎・神戸大学准教授は話している。

それだけに商人側も貸し倒れを防ぐ手立てを懸命に講じた。自衛手段となったのは「締貸」である。不良な借主には協同して金融を停止し、債務履行をせまるのだ。リスクの分散にも余念がなかった。主人や手代が饗応の席に招かれても、追い貸しなどの約束はせずに持ち帰り、談合したうえで大名家に回答することが少なくなかった。シンジケート団を組んで協調融資する手法だ。

1789（寛政元）年に出された「棄捐令」で、借金漬けだった旗本・御家人は一時的に救われたものの、その後は貸し手が姿を消して、さらに窮乏したとされる。大名であれば「お断り」を宣告することで一度は踏み倒せても、その後の藩経営に窮し、失態が続けば改易などの処分を受けることにもなりかねない。

米中心の経済システムが商品経済、市場経済に飲み込まれたことで、大名家から末端の武士まで年貢米だけに頼った生活は成り立たなくなっていた。加久と諸藩との関係はどうだったのだろうか。

近年発見された文書から、その一端を知ることができる。廣岡家研究会（2017）によると、中津藩への大名貸では財政が窮乏し、何度か財政再建にあたる「暮方改革」に取り組んだものの失敗に終わっている。文書のなかに「御店方ニ対し何共面目無之一言之申訳無御座候」とある（335頁）。店の方に申し訳が立たず、面目ないという表現からは大名側の立場の弱さが見て取れる。

廣岡家文書のなかに中津藩の財政に関わる資料が多く残されているが、財政改革について加久からの協力を得るための参照資料として、藩から提出されたと考えられている。大同生命メモリアルホールの加島屋本宅の再現模型では、中津藩の重役と加久当主の面談の様子が再現されている。

後に述べる米沢藩なども財政再建や資金借り入れの必要から、金主に財務状況を示しており、大名貸における力関係は経営不振に陥った企業とメインバンクのそれに似ている。逆にいえば、こうした情報を特権的に得られるからこそ、加久のように豪商に成長できる商家も現れた。

長州藩が抱えた米切手をめぐるトラブルにおいても加久は大きな役割を果たしている。小川（1996、62頁）によると、留守居役の文書には「加島屋久右衛門巧者ニ付及相談候」との表現が見られる。

1749（寛延2）年4月、藩が発行した米切手を示しても必要量を得られない懸念を抱いた米仲買人9人が直ちに払い渡すことを願い出た。蔵屋敷での米の支払いが難しくなるとの噂が背景にあり、取り付け騒ぎに拡大しかねない状況である。そのうえ長州米は米取引における標準銘柄にもなっており、このままでは信用不安が起きる危険さえあった。

この時に相談相手となったのが加久だった。米仲買の要求どおりに蔵米を渡しても在庫は残り、日が経てば国元から米が到着するので何とか払い渡しを続けられる、と助言し、市場の不安を掻き立てるような振る舞いを諌めた。そのアドバイスに従った結果、5月には騒動が収束している。

大名の資金繰りの相談に乗り、協調融資を主導し、経営問題を助言するような特権商人は「館入」と呼ばれ、扶持を与えられることもあった。１７７０（明和７）年長州藩から大阪の蔵屋敷留守居格を与えられた加久はその筆頭格といえよう（酒井、２０２２、１０７頁）。

7．全国に見られる相互依存

こうした特権商人と大名家との関わりの深さは全国で見られ、いずれも大名家が一方的に資金提供を命じるような関係ではなかった。たとえば、財政難の藩を立て直し、屈指の名君とされる上杉鷹山が率いた米沢藩では、都市商人との関係の改善に腐心していた。

江戸の本両替商である三谷家は18世紀半ばの宝暦年間に上杉家との信頼関係が崩れ、資金の融通を拒絶するまでになった。１７６７（明和４）年に17歳で藩主に就いた鷹山は関係の修復に努め、1774（安永3）年、手代喜左衛門を米沢に招くことにこぎつけた。城下の漆木実蔵や漆蠟加工場などを見せ、殖産計画書（産語）を託している。この誠意が当主に伝わり、2年後に1500両の借り入れが実現した（小関、2016、90－92頁）。

酒田の豪商本間家からも2500両の借り入れに成功した。ただ、当主の本間光丘は財政再建の進捗度についてのチェックリストを作り、厳しい監視と統制を加えている。もし商人の協力が得られず、倹約策だけであったなら、鷹山の仁政は実現しなかったのではないか。一方、高橋（1973）は、大阪の豪商と秋田佐竹藩との関係を分析し、「宝暦から天明末にかけてしばしばくりかえされる倹約令のなかに京・大坂の蔵元より見放された苦衷を訴えるものが見出せる」（168頁）としている。

8．明治期の激動

米の現物取引から米切手を対象にした証券金融や市場取引、さらには発行体である各藩との間に深い関わりを築いた大名貸へと、加久は江戸時代の市場経済の拡大に乗って事業を拡大したが、その足元を崩したのが明治維新だった。旧幕勢力と新政府の双方とのバランスを維持することで、幕末の混乱期こそ乗り切ったが、江戸の幕藩体制で進化したビジネスモデルが持続できるはずはない。1871（明治4）年の廃藩置県により、藩そのものが消滅したことで危機を迎える。

1873（明治6）年の新旧公債証書発行条例によって、新政府に継承された諸藩の負債は公債に転換された。1844（弘化元）年から1867（慶応3）年までの負債は、50年賦・無利息の「旧公債」に、1868（明治元）年以降の負債は、3年据え置き、25年賦・年利4％の「新公債」に転換された。一方、貸付から30年以上経っている弘化元年以前の古債や旧朝敵藩への債権には公債は発行されなかった。

幕末時点で大名・旗本137家に融資していた加久は新旧公債への切替えによって大きな打撃を受けた。しかも諸藩から公金として預かっていた運用金や借り入れには返済義務が残った。つまり、大名家に対する債権の回収は容易に進まないにもかかわらず、債務返済は猶予がない危機的な事態に陥ったのである（鈴木、2021、63－64頁）。

没落の際に立たされた加久で頭角を現したのが、小石川三井家という資産家がバックにある浅子であった。

加久は大名貸に代わる収益源として府県為替方、すなわち公金の取り扱い業務に進出したほか、公債の売買や商業金融も手掛けた。しかし、大名貸に代わる収益源には育たず、資産は日減りする一方だった。1877（明治10）年には分家筋に経営権を奪われそうになる事態も起きた。どうにか実権を取り戻した加久の当主や夫信五郎、浅子らは合議で経営にあたることになった。1886（明治19）年には潤野炭鉱を買収して石炭事業に乗り出した。この経営では、浅子は三井銀行に炭鉱を担保に差し入れ、「広岡アサ」の名義で資金を借り入れている。

一度は鉱山ビジネスに活路を求めたが、その後は祖業ともいえる金融業、さらに保険業へと活動の重点を移しながら今日まで加久は永続している。その背後に浅子の尽力があったことは各章で述べたとおりである。

（荻野博司）

Ⅳ 広岡浅子と加島屋の足跡をたどる

【第11章】加島屋・加島銀行のコーポレートガバナンス
～浅子と恵三の経営の光と影から継承された経営基盤と理念

1．本章の概要

（1）筆者と加島銀行・大同生命

筆者は、1990（平成2）年から2007（平成19）年まで大和銀行（現在のりそな銀行）に勤務した。加島屋が設立した加島銀行は、営業停止前に店舗網の一部を大和銀行（当時は野村銀行）に譲渡している。加島銀行から継承された店舗網を中心に浅子が築いた資産は、今も生き続けている。同様に加島信託銀行は、野村信託が承継し大和銀行に受け継がれている。大和銀行の系列であった東京生命は、大同生命と太陽生命により買収されて、T＆Dフィナンシャル生命として生き続けている。ちなみに、筆者も入行後に東京生命の保険に加入し、同社の破綻で無効化が懸念されたが、T＆Dフィナンシャル生命に承継された。これを機に、加入者本位を理念に掲げる大同生命の存在を身近に知るに至った。

（2）本章の狙い

１９３６（昭和11）年に刊行された『財界物故傑物傳』という書籍がある。ここには、明治維新から財界で活躍し、日本経済の礎を築いたとされる実業家３５７人が顔写真とともに掲載されている。その中で女性の顔は、広岡浅子ただ一人である。浅子の貢献は繰り返し称えられているので、本章では、浅子が果たせなかったこと、後世に託したこと、浅子にどのような経営が求められていたかを描いてみたい。ただし、浅子への批判ではなく、まなざし論（まなざし「Le regard」論はサルトルから始まりフーコーが発展させた）を土台にして考えていく。そのうえで、筆者が専門とするコーポレートガバナンスの観点から、浅子と広岡恵三による加島屋、加島銀行の経営課題を考察し、大同生命に受け継がれた経営基盤は何かを問うてみたい。

2．明治時代の浅子と学びの機会

（1）明治期の海外留学

本章の考察の根底には、浅子から感じる学問への熱く、揺るぎない想いがある。それは、浅子の次のような熱い想いが心に響いてくるからである。

「女子といえども人間である。学問の必要がないという道理はない、かつ学べば必ず修得せらるる頭脳があるのであるから、どうかして学びたいものだ」（広岡、２０１５、13頁）

まず、浅子の学びに対する熱い想いを踏まえて、浅子の育った時代と明治維新前後の海外留学をみてみよう。わが国の幕末期の海外派遣は、幕府からのオランダ留学生派遣に始まる。続いて明治維新に中心的な役割を担った長州藩、さらには薩摩藩の若者が英国に留学した。彼らの持ち帰った欧米の知見が、わが国の近代化の原動力となった。その後、正式に海外留学規則（太政官符９５８号）が定められた。そして特命全権大使（通称「岩倉使節団」）が派遣された際に、女性にも留学する機会が開かれて、女子５名が岩倉使節団に随行し米国に留学した。彼女らは、いずれも幕臣や旧政府軍の子女であった。この中には、後に三井物産を創業する益田孝の妹の瓜生繁子（出生名は益田しげ）も含まれている。一方、小石川三井家から加島屋に嫁いだ浅子には、このような欧米で学ぶ機会は得られなかった。このことが、浅子の女子教育の思いにつながったのではなかろうか。ちなみに、男子留学生38名の中の一人に團琢磨がいた。彼は、マサチューセッツ工科大学鉱山科で学び、その後に三井炭鉱を発展させた。後の浅子の炭鉱経営の苦労に思いを馳せると、やはり浅子の学ぶ機会にまなざしを注がざるを得ないのである。

（2）浅子の勉学と銀行簿記

浅子は、自身が家業を運営していくために、自ら家業を担うと決心した。

「簿記法、算術、その他商業上に関する書籍を、眠りの時間を割いて夜毎に独学し、一心にこれが熟達を計りました」（広岡、2015、14頁）

浅子が一心不乱に勉学に励んだことには、深く敬意を払わねばならない。ただ、銀行経営を担う浅子にまなざしを向ければ、浅子がもっと体系的な銀行簿記習得の機会を得ていたらと思わざるを得ない。

たとえば、1874（明治7）年に開業し、今日まで150年続く第四銀行（現在の第四北越銀行）がある。第四銀行は、開業前に本間新作と鈴木長蔵が大蔵寮で英国式の銀行簿記を学んでいる。さらにいえば、この2名の銀行簿記の習得が終わるまで開業を遅らせた（第四銀行、1974、51頁）。さらなる例として、第一銀行（現在のみずほ銀行）の実質的経営を担った佐々木勇之助は、入行後に大蔵省御雇外人アラン・シャンド（近代的銀行業務を築いた英国人）の銀行簿記の伝習生となっている。彼は、簿記をはじめ、英国風サウンド・バンキングの考え方も学んだのである（加藤、1970、144頁）。

このように、近代的な銀行経営には、体系的な銀行簿記の習得が必要不可欠であったのである。

3．加島屋のコーポレートガバナンス

(1) 収益管理面のコーポレートガバナンス課題

明治初期の経営者は、役割や職務が曖昧な状況であった（由井、1977、24頁）。渋沢栄一は、「頭取ノ如キハ未タ一日モ其事ヲ執ラス」（『第一銀行史』上巻、1958、195頁）と述べている。

加島屋に嫁いだ浅子は、主人が家業を支配人に任せて遊興に耽っている状況に直面し、また、その後に家業を継いだ若き当主をも支えた。しかしながら加島屋のコーポレートガバナンスは、帳簿管理面からみて次のような3点の課題があった。第一は、大名貸を他の勘定と別建てで管理していた。第二は、帳簿の支出項目に、「旦那年分小遣銀」という費目があった。第三は、鴻池や三井家と異なり、「収益費用勘定」と「資産負債勘定」の突き合わせ作業を行っていなかったことである（廣岡家研究会、2017、325頁）。すなわち、加島屋は、家業全体の収益を把握する帳簿が不在であった。また、当主個人の支出が帳簿に計上されており、所有と

経営が未分離であった。さらに加島屋は、近代的な帳簿管理の要となる複式簿記の原理に基づいた費用収益と資産負債との連動が図られていなかった。これら加島屋のコーポレートガバナンス課題を踏まえると、やはり体系的銀行簿記習得の機会が必要とされていたのである。

(2) 人的資本面のコーポレートガバナンス課題

潤野炭鉱の採掘が進まなかった際に、浅子が荒くれ男たちの職場である炭鉱にピストルを懐に乗り込んだという逸話が語られる。しかしながら、コーポレートガバナンスの見地に立てば、経営者には、どのような役割が求められていたのか。それは、三井炭鉱の成功を支えた益田孝の記述が物語っている。

「私にはよく事情がわかっている。三池の石炭は油が強くて粘って固まるが、ドラフトをよくすれば、あれくらい火力の強い炭はないということを知っておったし、鉱量もわかっておった、海の底を掘っていけばいくらでもあることを知っておった」（長井編、1989、189頁）

さらに、益田は、外部から適切な人材を求めている。

「団であれば安心して任せることが出来ると合意して、事務長に任命した。（中略）私は、技術家を事務長にしなければならない、事務長即ち技師長でなければならないと言うて、とうとう押し切った。事務長を誰にするかということはなかなか問題であった」（長井編、1989、193頁）

団とは、前述したマサチューセッツ工科大学鉱山科で学んだ團琢磨である。浅子の勇気や努力の評価は揺るぎない。一方で、コーポレートガバナンスの見地に立てば、浅子が懐に入れるべきはピストルではなく、技術に長けた有能な経営人財であったのではなかろうか。

4．加島銀行設立への隘路（あいろ）と課題

（1）加島銀行設立と大阪の主要銀行の末路

加島屋は、国立銀行条例が改正され多くの私立銀行が設立されるなかで、ようやく1888（明治21）年に合資会社加島銀行を設立した。このように銀行設立が遅れたのは、大名貸からの事業転換と債務整理に追われたためであった（小林、2022、186頁）。加島銀行が設立された時に私立銀行はすでに211行もあり、さらに1901（明治34）年には1867行

と急増していった。このように急増した私立銀行の多くは、金貸会社的な事業者で不健全な経営実態であった（朝倉、1994、13頁）。そのため、不健全な銀行の多くは淘汰され、大阪の主要銀行の中で単独で生き残ることができたのは、住友銀行（現在の三井住友銀行）ただ1行であった。住友銀行に次ぐ主要行であった鴻池、山口、三十四銀行の3行は合併して三和銀行となった（その後に東海銀行と合併してUFJ銀行となり、さらに三菱東京銀行と合併して現在は三菱UFJ銀行）。一方で、他の大阪の主要行であった浪速、北濱銀行は破綻し、加島銀行は営業を譲渡して閉鎖したのである。

（2）昭和金融恐慌と取り付け騒ぎ

厳しい経営環境に直面しているなかで、加島銀行の頭取は、堂島米穀取引所理事長に就任している。このような経営に対して、加島銀行経営陣の経営判断には問題があったと指摘される（石井、2010、186-187頁）。このように過当競争や経営管理にも問題がある状況下で加島銀行は、金融恐慌に襲われることになったのである。1920（大正9）年に株価が大暴落し、1923（大正12）年に関東大震災、そして1927（昭和2）年には昭和金融恐慌となった。

過当競争のなかで、高い金利を付与することで預金を獲得していたような銀行や同業者からの融通預金に資金を依存していた銀行は、預金取り付けの的になり困窮に陥った。壊滅的な影響を受けた銀行は、解散・破産4行、銀行整理13行、他行へ譲渡が9行、休業5行と計31行にも上ったのである。加島銀行の預金引き出し額は50百万円で最も多かった。同行は、まさに同業者預金に頼っていたことが原因であった（日本銀行大阪支店、1927、62－63頁）。

5．加島銀行のコーポレートガバナンス

(1) 三井銀行との経営近代化の比較

なぜ、伝統ある豪商から生まれた加島銀行は、預金の取り付けに遭い、存続できなかったのか。これを三井銀行と比較して考えてみよう。三井銀行は1876（明治9）年に設立されたが、加島銀行は、前述のとおり設立が遅れた。また、近代的な経営形態への転換につながる株式会社化は、三井銀行の1909（明治42）年から8年程度遅れた。このように加島銀行は、時代の潮流を捉えた経営判断が一歩一歩遅かったと見ることができる。さらに、最大の相違は、外部からの専門人材を含めた経営の近代化であったといえよう。**図表11－1**に概要を示したとおり、三井銀行は外部から有能な人材を積極的に登用して経営改革を行っている。1891（明治24）年に中上川理事が外部から就任して官金取扱店舗を廃止し、官業から民間事業へと事業

改革を行った。また三井銀行は、1898年に池田成彬や米山梅吉らを欧米に派遣して欧米の近代的な銀行制度を視察している。

欧米視察を踏まえて三井銀行は、三井家の所有物であってはならないとして社外取締役および社外監査役を導入し、取締役を10名内、監査役を4名内とする規定に改める改革を行ったのである。

(2) 野村銀行・第四銀行とのコーポレートガバナンス体制の比較

加島銀行は、広岡恵三が頭取になり近代的経営管理に転換したとの評価もある(永島(上)、1926、155頁)。しかし、経営実務を掌握していた星野行則は、経済一般の講演に励むような振る舞いが疑問視されている(石井、1991-1992頁)。また加島銀行の経営陣は、「時運を洞察

図表11-1　三井銀行との経営近代化比較

	加島銀行	三井銀行	
銀行設立	1888年	1876年	
株式会社化	1917年	1909年	
外部人材登用 銀行改革	1898年	1891年	
	中川が文部科学省から就任したが、５年後に退任	中上川が就任し改革 (官金取扱店舗廃止)	
海外派遣	—	1898年 池田成彬・米山梅吉 欧米銀行制度を視察	1907年 欧米視察団
社外取締役・ 社外監査役	—	1919年 社外取締役・社外監査役導入	

出所：加島銀行は、廣岡家研究会『廣岡家文書と大同生命文書－大阪豪商・加島屋(廣岡家)の概要－』三井文庫、三井銀行は、三井銀行『三井銀行八十年史』に基づき筆者作成

する人材が乏しかった」（三木、1953、32－33頁）と指摘される。いずれにせよ、社長を支える取締役会のコーポレートガバナンスに課題があったとみることができる。野村銀行および第四銀行と比較して、加島銀行のコーポレートガバナンス体制を考えてみる。

野村銀行は、創業者野村徳七が頭取を務めず、弟の元五郎に任せた。そして、日本興業銀行から迎えた片岡音吾が銀行経営を担った。また片岡が異動するに際しては、住友銀行から迎えた松島準吉が銀行経営にあたっている。さらに、鴻池銀行から野村商店にスカウトしていた柴山鷲雄が取締役として経営に参画し、行員の多くも鴻池銀行など他行出身者を採用して銀行業務を推進した（大和銀行、1988、11－12頁）。

第四銀行は、国立銀行を母体とした銀行の多くが姿を消すなかで、今日まで承継されている銀行である。この第四銀行の経営基盤を築いたのは、第2代の八木頭取である。同頭取は、新潟県の官職を辞して頭取に就任し、次の方針を示した。第一は堅実経営、第二は新潟県との関係の緊密化、第三は商業金融中心である（第四銀行、1974、75－78頁）。特に、第一の「堅実経営」は、第四銀行の経営理念として深く浸透し、代々の頭取もこの堅実経営を守り抜いている。その要因は、**図表11－2**に概要を示したとおり、新潟県の公的機関、経済界、地場銀行などが社外取締役および監査役として、堅実経営を支える体制にあったといえる。

昭和金融恐慌で多くの銀行が取り付け騒ぎに直面するなかで、同行の預金は逆に増加した。

それは、同行の堅実経営という経営方針にあったようである。第6代藤田頭取は、金融恐慌時に預金額が増加した鮮烈な記憶があり、増加が堅実経営に由来していることを実感した。この実体験から同頭取は、さらにこの堅実経営を後進に継承した（内藤、2019、92頁）。このように同行は、堅実経営の好循環が築かれているのである。

6．大同生命へ承継された堅実経営と学ぶ姿勢

金融恐慌により欠損に陥った銀行は、欠損金を積立金や資本金ならびに重役私財での補填が求められた。残る欠損金は、預金の切り捨てまたは無利子で年賦償還させる

図表11-2　野村銀行および第四銀行とのコーポレートガバナンス体制比較

	加島銀行	野村銀行	第四銀行
基準年	1919年	1918年	1896年
頭取	広岡家	野村家	元新潟県管理職
業務執行取締役	内部昇格の業務執行取締役	日本興業銀行から迎えた支配人が業務執行を担う	内部昇格の業務執行取締役
取締役構成	内部昇格取締役 広岡家姻戚関係からの取締役	鴻池銀行から取締役	新潟株式取引所理事長及び新潟財閥及び地場銀行役員が取締役
監査役構成	広岡家当主及び広岡家縁戚関係 買収した銀行の元頭取が監査役	野村家当主から監査役 大阪毎日の記者から監査役	内部監査役に加えて、新潟の財閥及び地元企業経営者が監査役

出所：加島銀行は、結城武延「昭和金融恐慌と銀行破綻」『経済学』東北大学Vol.76 No.1 264頁および『人事興信録』、野村銀行は、『野村銀行二十年史』、『大和銀行七十年史』および野村ホールディングスホームページ、第四銀行は、『第四銀行百年史』に基づき筆者作成

政府方針となった。これを踏まえて加島銀行は積立金を取崩し、恵三頭取は率先して私財を提供した。ところが恵三頭取は、預金の切り捨ては絶対に避ける方針とした。また資本金に関しても、株主を個別訪問して丁寧な説明を行い、最後の一人まで合意を得ることに全力を注いだ（廣岡家研究会、2017、354頁）。なお、筆者も清算会社の殿（しんがり）として全株主に説明に回った経験があり、株主一人一人から清算の合意を得る困難が想像される。このように預金者を守り抜き、株主一人一人に最後まで誠実に対応した姿勢が信頼を生み、大同生命に継承された。金融恐慌に際して他行では預金の切り捨てが行われ、セーフティネットは機能しなかった（靍見、2000、131頁）。これに対して加島銀行は、浅子が築いた加島屋の信用を恵三が最後まで守り抜いたことがセーフティネットになったといえよう。そして、この意思が大同生命の堅実経営という経営理念に踏襲されたのではなかろうか。

また、加島銀行の学ぶ文化も受け継がれた。加島銀行の各支店には、茶話会という銀行理論や実務をはじめ銀行員の教養などまで議論する勉強会があった（永島（下）、1926、146頁）。この伝統は、戦後の大同生命において、山形支社長が「新しい知識の研究所にしたい」（鈴木、1959、132頁）、上野支店長は「専門家にならなければならない」（竹内、1960、118頁）と述べるような学ぶ文化が継承されたのである。

7. まとめ

加島銀行は、1929（昭和4）年に14店および14出張所を野村銀行に譲渡した（野村銀行、1938、63－64頁）。譲渡された東京第二支店（銀座に移転）、上六、梅田、枚方、住道、神戸支店は、その後に野村（大和）銀行の基幹店舗になっていった。その他の支店は、統合店舗にて承継されたが、営業資産として存続している。このように、浅子が築いた加島銀行は、その後も重要な営業資産となったのである。

その後、約70年を経た1996（平成8）年に大和銀行のニューヨーク支店で巨額損失事件が発生して、預金の取付け騒ぎが懸念された。ところが、筆者は、預金を引き出すどころか、「応援する」として預金を増やしていただく経験をした。今から振り返れば、これは明治期から加島屋が培ってきた信頼によるものであったのではと思わざるを得ない。

加島屋から生まれた大同生命は、堅実経営と加入者本位を理念に経営されている。これは、銀行清算の最後まで預金者を守り抜き、株主に誠実に対応した加島銀行の経営方針と無関係ではなかろう。加島銀行の最後の処理過程が、大同生命の加入者一人ひとりを大切にして、堅実に歩むという経営につながった。

最後に、浅子が残したものは、学びへの想いであろう。加島銀行では自発的に学ぶ文化が構築され、大同生命に承継された。大和銀行でも頻繁に勉強会が開催されていた。これらの学びの姿勢をわれわれは、今後も大切に受け継がねばならない。

（長谷川浩司）

【コラム8】 広岡浅子と大阪商工会議所

東京から新幹線で大阪へ。新大阪駅で降りて地下鉄御堂筋線に乗り換える。本町駅で中央線にさらに乗り換えて堺筋本町駅で下車。そこから徒歩10分弱のところに大阪商工会議所はある。所管地区は、大阪市。会員数は２０２２（令和４）年3月末現在、３０２５２。東京に次いで全国第2位の規模を誇る。その主な活動内容は、１経営支援、２産業・地域振興、３政策活動である。執筆時点の会頭は、サントリーホールディングス株式会社の鳥井信吾氏である。

江戸時代に天下の台所といわれていた大阪は、商取引の基準とされていた銀本位制が廃止されるなど、明治維新の改革により商取引は混乱し、加えて新政府からの度重なる御用金調達や藩債権の整理が行われた結果、多くの両替商が倒産し、大阪経済は瀕死状態に陥った。こうした大阪経済を再生させるべく、１８７８（明治11）年、立ち上がったのが後に東の渋沢栄一、西の五代友厚と称されることになる富国の立役者、五代友厚である。発起人の一人として大阪商法会議所（その後、大阪商業会議所という名称を経て現在の大阪商工会議所）を設立し、初代会頭を務めた。いま大阪商工会議所には、五代友厚の銅像が立っている。

浅子は本書にあるとおり、明治維新により経営状態が厳しくなった嫁ぎ先の加島屋の経営に加わった。浅子の夫である信五郎は、加島屋のみならず、その他の事業にも関与していく。その一つが発起人の一人として加わった日本綿花（現・双日株式会社）である。紡績会社の製造する綿糸の原料である綿花が当時外国に独占されていた現状を変えるべく、日本綿花を大阪商法会議所の設立された翌年の１８９２（明治25）年に起業した。このような歴史的背景もあり、日本綿花、ニチメンそして現在の双日に至るまで、同社は大阪商工会議所の会員番号１番であり続けている。

２００１（平成13）年、大阪商工会議所はその１２０周年記念事業として、企業家精神の高揚・伝承を通じて、次代を担う人材を育成することを目的に、「大阪企業家ミュージアム」を開設した。五代友厚をはじめ、松下幸之助（パナソニック）、小林一三（阪急電鉄）、江崎利一（江崎グリコ）など明治以降大阪を舞台にした１０５名の企業家の功績を紹介し「企業家精神」を伝える全国に例を見ない施設である。残念ながら、この中に浅子の名前はない。しかし同施設は、随時、特別展示として「広岡浅子と五代友厚・渋沢栄一～近代化へのビジョンと現代へのメッセージ～」や「明治・大正・昭和、激動の時代を駆け抜けた女性企業家～鈴木よねと広岡浅子～」などを開催し、女性実業家のさきがけ浅子の功績の啓発活動を行っている。

（小島克己）

あとがき

本書は、『渋沢栄一に学ぶ「論語と算盤」の経営』、『二宮尊徳に学ぶ「報徳」の経営』、『石田梅岩に学ぶ「石門心学」の経営』、『上杉鷹山とイノベーション経営』という偉人から学ぶCSR経営の4部作に続く姉妹編として、日本経営倫理学会CSR研究部会の有志を中心として21人が協力して書き上げたものである。

今回は傑出した女性経営者を研究したいという水尾順一・駿河台大学名誉教授の発案のもと、広岡浅子についてさまざまな角度から議論を進めた。そこでは、さまざまな文献研究に加え、広岡浅子研究の第一人者である吉良芳恵・日本女子大学名誉教授からお話を伺い理解を深めた。加えて、筆者らは、広岡浅子にゆかりの深い大同生命大阪本社メモリアルホールや大阪の企業人の功績を展示している大阪商工会議所の大阪企業家ミュージアムなどを訪問し、広岡浅子や当時の大阪の起業家の取組みを実際に学んだ。

本書は、広岡浅子に関する純粋な研究書ではなく、広岡浅子から現在のわれわれが何を学べるのかという観点から、経営学・経営倫理を専門とする研究者や実務家が、一般の読者を想定して書き下ろしたものである。このため、本文には、一部を除き、個々の引用・参照箇所は示していない。参考にさせていただいた文献、先行研究に関しては、巻末に一覧として示した。また、年齢表記に関しては、数えを採用した。

本書を執筆するにあたって、筆者らは多くの関係者や組織、会社の方々から多大なる協力をいただいた。特に、谷口典江・大同生命保険(株)取締役常務執行役員大阪本社代表（当時）からは、広岡浅子の生涯と現代へのメッセージに関する貴重なお話を伺い、吉田一正・大同生命保険(株)コーポレートコミュニケーション部社史担当課長からは、加島屋及び広岡浅子に関する詳しいお話を伺った。また、写真などの提供について快く承諾いただいた。高槻泰郎・神戸大学経済経営研究所准教授からは、加島屋や米会所、大名貸について懇切にご教示いただいた。

本書の出版は、これらの方々のお陰である。執筆者を代表して衷心より感謝申し上げたい。最後に、鈴木良二・(株)同友館取締役出版本部長には、本書の企画、編著者打ち合わせ、編集業務などにおいて貴重かつ的確な助言を頂戴した。心から感謝申し上げる。

本書が、多くの人たちや組織、会社にとって、広岡浅子の取組みの事実を知り、今後の生き方や女性活躍促進などの参考に少しでもなれば、執筆者にとって望外の喜びである。

執筆者を代表して

林　順一

付録　広岡浅子関連年表（年齢は数え年）

年号	年齢	広岡浅子の生い立ちと事績	本書に関連する日本と世界の動き
1849（嘉永2）	1歳	小石川三井家（出水三井家）の六代目当主・三井高益の四女として生まれる。	
1854（嘉永7）（安政元）	6歳		日米和親条約
1858（安政5）	10歳		日米修好通商条約／安政の大獄
1861（文久元）	13歳	浅子が両親から読書禁止を言い渡される。	
1863（文久3）	15歳		薩英戦争
1864（文久4）（元治元）	16歳		池田屋事件／蛤御門の変／幕府の第一次長州征討／四国連合艦隊が下関を砲撃
1865（慶応元）	17歳	加島屋五兵衛家の三代目当主・広岡信五郎と結婚。	

1866（慶応2）	18歳		薩長同盟
1867（慶応3）	19歳		大政奉還／王政復古
1868（慶応4）（明治元）	20歳		戊辰戦争／五箇条の御誓文／銀目廃止令／大阪府設置
1869（明治2）	21歳	信五郎の父、加島屋八代目当主であった広岡久右衛門正饒が死去。	版籍奉還／東京に遷都／渋沢栄一が静岡に商法会所を開く
1871（明治4）	23歳	廃藩置県により大名貸しの事業モデルが崩壊、加島屋が経営危機に陥る。浅子は加島屋の資金繰りに奔走。	廃藩置県／新貨条例
1872（明治5）	24歳		学制公布／新橋・横浜間に鉄道開通／福沢諭吉が「学問のすすめ」刊行
1873（明治6）	25歳		日本においてキリスト教が解禁／地租改正／徴兵令
1874（明治7）	26歳		大阪・神戸間に鉄道開通
1876（明治9）	28歳	浅子が長女・広岡亀子を出産。	
1877（明治10）	29歳		西南戦争

年号	年齢	広岡浅子の生い立ちと事績	本書に関連する日本と世界の動き
1878（明治11）	30歳		五代友厚が、大阪株式取引所、大阪商法会議所を設立
1882（明治15）	34歳	夫の信五郎が大阪株式取引所の*肝煎に就く。 *肝煎とは現在の取締役に相当する職位	日本銀行開業
1884（明治17）	36歳	加島屋が、広炭商店を開業する。浅子の炭鉱ビジネスへの挑戦が始まる。	
1885（明治18）	37歳		内閣が設置、伊藤博文が初代総理大臣に就任
1886（明治19）	38歳	加島屋が筑豊（現・福岡県飯塚市）の潤野炭鉱を買収。	
1888（明治21）	40歳	加島屋が銀行を設立（加島銀行）。信五郎の弟・広岡久右衛門正秋が頭取、夫・信五郎が相談役に就く。	市制町村制制定
1889（明治22）	41歳	夫・信五郎ら大坂の財界人と尼崎の財界人が共同出資して尼崎紡績（現・ユニチカ）を設立。	大日本帝国憲法の発布／大阪市ができる
1892（明治25）	44歳	夫・信五郎らが発起人となり、日本綿花（現・双日の前身）を設立。	
1894（明治27）	46歳		日清戦争が始まる
1895（明治28）	47歳	浅子が潤野炭鉱の再開発を開始。自ら現地に赴き指揮を執る。	日清講和条約（下関条約）調印／三国干渉

1896（明治29）	48歳	浅子が成瀬仁蔵と出会い女子大学設立支援を開始する。	
1897（明治30）	49歳	女子大学設立の第一回発起人会を開催する。潤野炭鉱が着炭し、石炭の産出量が急増する。	
1898（明治31）	50歳	成瀬仁蔵の紹介により中川小十郎が加島屋の事業運営に参加を始める。	初の政党内閣である第一次大隈内閣が誕生
1899（明治32）	51歳	加島屋が潤野炭鉱を政府に売却する。加島屋が真宗生命の経営権を取得し生命保険事業へ進出。	
1900（明治33）	52歳	三井家より、東京・目白台の土地が日本女子大学校の開校のために寄付される。	保険業法制定／津田梅子が女子英学塾（現・津田塾大学）を設立
1901（明治34）	53歳	日本女子大学校（現・日本女子大学）が開校。浅子が愛国婦人会の評議員に就任	
1902（明治35）	54歳	朝日生命・護国生命・北海生命の三社が合併し、大同生命保険株式会社が設立。	日英同盟協約調印
1904（明治37）	56歳	夫・信五郎が亡くなる。加島屋の経営を娘婿の広岡恵三に譲り、浅子は引退する。	日露戦争が始まる
1905（明治38）	57歳		日露講和条約（ポーツマス条約）調印
1909（明治42）	61歳	浅子の胸部腫瘍が肥大化。摘出手術を受ける。	

年号	年齢	広岡浅子の生い立ちと事績	本書に関連する日本と世界の動き
1911（明治44）	63歳	浅子が大阪教会にて洗礼を受ける。	日米新通商航海条約（関税自主権が回復）
1912（明治45）（大正元）	64歳		明治天皇が崩御／大正天皇が即位
1914（大正3）	66歳	浅子が「九転十起生」のペンネームで新聞『基督教世界』に連載を開始。	第一次世界大戦が始まる
1918（大正7）	70歳	浅子の唯一の著書である『一週一信』が出版。	
1919（大正8）	71歳	浅子永眠（享年七十一歳）。	パリ講和会議が開催される／三・一独立運動／五・四運動

（平野　琢）

参考文献

プロローグ

・原口　泉『維新経済のヒロイン：広岡浅子の九転十起』海竜社、２０１５年
・稲盛和夫『生き方』サンマーク出版、２００４年
・出町　譲『九転十起：事業の鬼・浅野総一郎』幻冬舎、２０１３年
・水尾順一「九転十起とサステナビリティ」『ＢｔｏＢコミュニケーション』、日本ＢｔｏＢ広告協会、２０２４年
・田中宏司、蟻生俊夫、水尾順一編著『渋沢栄一に学ぶ「論語と算盤」の経営』同友館、２０１６年
・広岡浅子『人を恐れず天を仰いで―復刊『一週一信』』新教出版社、２０１５年
・小前　亮『広岡浅子 明治日本を切り開いた女性実業家』星海社、２０１５年
・菊地秀一『広岡浅子語録』宝島社、２０１５年
・水尾順一『セルフ・ガバナンスの経営倫理』千倉書房、２００３年
・水尾順一「ＳＤＧｓを成功に導く、守りと攻めのサステナビリティ・ガバナンス」『商工金融』商工総合研究所、２０２２年
・日本女子大学成瀬記念館編『日本女子大学成瀬記念館所蔵　広岡浅子関係資料目録』２０１６年
・「広岡浅子関係記事一覧（改訂版）」日本女子大学文学部史学科編・発行、２０２０年７月
・公益財団法人　西川文化財団ホームページ　http://www.nishikawabunkazaidan.or.jp/
・石野伸子『九転十起の女　広岡浅子伝（ＳＡＮＫＥＩ ＥＸＰＲＥＳＳ特別版）』２０１５年

第1章

・影山礼子「解説―「九転び十起き」の実業家・広岡浅子の後半生と社会貢献」『人を恐れず天を仰いで 復刊『一週一信』』新教出版社、2015年
・結城武延「新しい金融事業への参入―大同生命保険会社の設立」高槻泰郎編著『豪商の金融史』慶應義塾大学出版会、2022年
・小林延人「廣岡家の明治維新―時代の転換と豪商の危機対応」高槻泰郎編著『豪商の金融史』慶應義塾大学出版会、2022年
・小前 亮『広岡浅子 明治日本を切り開いた女性実業家』星海社、2015年
・高槻泰郎・結城武延「エピローグ」、高槻泰郎編著『豪商の金融史』慶應義塾大学出版会、2022年
・大同生命保険HP「大同生命の源流―加島屋と広岡浅子―広岡浅子の生涯」2015年（https://kajimaya-asako.daido-life.co.jp/asako/）
・日本女子大学成瀬記念館編『日本女子大学成瀬記念館所蔵 広岡浅子関係資料目録』2016年
・原口 泉『維新経済のヒロイン 広岡浅子の「九転十起」』海竜社、2015年
・広岡浅子『超訳 広岡浅子自伝』KADOKAWA、2015年
・村和 明「廣岡浅子と三井家―豪商たちの閨閥」高槻泰郎編著『豪商の金融史』慶應義塾大学出版会、2022年

コラム1

・麻生正蔵「廣岡淺子刀自を憶ひて」、『家庭週報』第524号、日本女子大学櫻楓、1919年
・新川子「本邦実業界の女傑（四）（広岡浅子）」、『実業之日本』第7巻4号、実業之日本社、1904年

・戎井真理「ポスト・パンデミックの不正リスクと内部統制」『会計・監査ジャーナル』Ｖｏｌ・34、第一法規、２０２２年
・双日歴史館「日本綿花発起人～広岡信五郎と五代友厚との関係～」 https://www.sojitz.com/history/jp/company/post-101.php（２０２４年2月09日参照）
・大同生命保険ＨＰ「発見！信五郎の謡許状」 https://kajimaya-asako.daido-life.co.jp/column/28.html（２０２４年1月22日参照）
・高槻泰郎『豪商の金融史：廣岡家文書から解き明かす金融イノベーション』慶應義塾大学出版会、２０２２年
・橘木俊詔『女子の選択』東洋経済新報社、２０２０年
・野高宏之「加島屋久右衛門と黄金茶碗」、『大阪の歴史』第68号、大阪市史編集所、２００６年
・広岡浅子『一週一信』婦人週報社、１９１８年
・三井三郎助高喜「書翰草案史料」『史料小石川』８１１／９－２、年不詳
・山本欽子編『雪の香』日本女子大学校櫻楓会出版部、１９４３年
・「廣岡信五郎の逝去」『大阪銀行通信録』第28巻、大阪銀行集会所、１９０４年

第2章

・佐瀬得三「名流の面影」春陽堂、１９００年
・平野　琢「渋沢栄一と職業倫理」田中宏司・水尾順一・蟻生俊夫編著『渋沢栄一に学ぶ「論語と算盤」の経営』同友館、第3章、67－78頁、２０１６年
・広岡浅子「戦時に於ける婦人の覚悟」『愛国婦人』52号、愛國婦人發行所、１９０４年
・広岡浅子「現今の学生の陥り易き弊風」『家庭週報』１０１号、日本女子大桜楓会、１９０７年

・広岡浅子「婦人と経済思想」『婦女新聞』412号、婦女新聞社、1908年
・広岡浅子「女子の職業についての卑見」『新女界』4巻5号、新人社、1909年（a）
・広岡浅子「余が不老の元気は何によりて養わる、か」『家庭週報』171号、日本女子大桜楓会、1909年（b）
・広岡浅子「真我を知りて婦人自ら立て（二）―時代は夫人の覚醒奮起を待てり」『婦女新聞』501号、婦女新聞社、1909年（c）
・広岡浅子「愛国婦人会員の平時の心がけは何乎」『愛国婦人』227号、愛國婦人發行所、1911年（a）
・広岡浅子「現代婦人に就いて」『実業世界』54号、理財新報社、1911年（b）
・広岡浅子「核心なき良妻賢母」『廓清』5巻5号、廓清会本部、1915年
・広岡浅子「隣邦支那に対する日本婦人の責任」『婦人週報』5巻3号、婦人週報社、1917年（a）
・広岡浅子「婦人と修養」『家庭週報』415号、日本女子大桜楓会、1917年（b）
・広岡浅子『一週一信』婦人週報社、1918年
・山本文乃『生活史としての庶民信仰：江戸時代を中心として』「研究紀要」32巻、文教大学女子短期大学部、1988年
コラム2
・ていこ「廣岡刀自の「一週一信」を読みて」『婦人週報』1919年1月31日（日本女子大学文学部史学科編刊『廣岡浅子関係記事一覧』改訂版、2020年、109-110頁）
・日本女子大学成瀬記念館編『日本女子大学成瀬記念館所蔵　広岡浅子関連資料目録（第2版）』日本女子大学成瀬記念館、2020年
・日本女子大学文学部史学科編『大同生命保険株式会社寄附授業―演習（史料演習）―廣岡浅子関係記事一覧（改

訂版）』２０２０年

・平塚雷鳥『元始、女性は太陽であった―平塚らいてう自伝（上巻）』大月書店、１９７１年

・広岡浅子「余と本校との関係を述べて生徒諸氏に告ぐ（明治36年2月講話）」『日本女子大学校学報』第1号、１９０３年7月10日（『日本女子大学成瀬記念館所蔵　広岡浅子関連資料目録（第2版）』56－58頁）

・広岡浅子「余が不老の元気は何に因りて養はる、か」『家庭週報』第１７１号、１９０９（ａ）年1月1日（『日本女子大学成瀬記念館所蔵　広岡浅子関連資料目録（第2版）』77－79頁）

・広岡浅子「余は女子大学講義を如何にして学びつ、あるか」『家庭』第1巻第4号、１９０９（ｂ）年7月1日（『日本女子大学成瀬記念館所蔵　広岡浅子関連資料目録（第2版）』80－81頁）

・広岡浅子「私の求道の動機」『婦女新聞』９７３号、１９１９（ａ）年1月10日（日本女子大学文学部史学科編刊『廣岡浅子関係記事一覧』改訂版、２０２０年、76頁）

・広岡浅子「編輯室から」『婦人週報』１９１９（ｂ）年1月17日（日本女子大学文学部史学科編刊『廣岡浅子関係記事一覧』改訂版、２０２０年、１０７－１０８頁）

・福島貞子「耳に残る御声―廣岡後室の御霊前へ―」『婦女新聞』９７５号、１９１９年1月24日（日本女子大学文学部史学科編刊『廣岡浅子関係記事一覧』改訂版、２０２０年、77頁）

第3章

・Education at Glance 2022 : OECD Ind Indications 2000-2021

・World Economic Forum . Global Gender Gap Report 2023　https://jp.weforum.org/publications/global-gender-gap-report-2023/

・木村涼子「日本の教育におけるジェンダー平等の過去・現在・未来」『学術の動向』２０２２年10月号、２０２２

年
・吉良芳恵「広岡浅子と女性の社会進出」吉良芳恵編著『成瀬仁蔵と日本女子大学校の時代』日本経済評論社、２０２１年
・河野銀子『大学におけるジェンダーギャップの現状と課題』２０２３年
・消費者庁『令和元年度 エシカル消費に関する消費者意識調査』２０２０年
・大同生命保険ＨＰ「歴史研究者からみた広岡浅子―吉良芳恵先生に聞く」https://kajimaya-asako.daido-life.co.jp/column/45.html
・鄭　美沙「教育格差が経済の男女格差を広げる?」『ビジネス環境レポート』２０２３・８第一生命研究所、２０２３年
・内閣府『男女共同参画社会に関する世論調査 令和4年度』２０２２年
・内閣府『令和5年度男女共同参画白書』２０２３年
・内閣府 男女共同参画局『みんなで目指す！　ＳＤＧｓ×ジェンダー平等』２０２１年
・中西祐子・国立女性教育会館編「学校教育における男女共同参画の現状と課題」ＮＷＥＣ実践研究６－31頁、２０２１年
・日本経済新聞２０２３年10月11日朝刊『日本女性の労働参加増「驚き」ノーベル経済学賞のゴールディン氏勤務時間の短さには注文　男女賃金格差の是正に示唆』
・日本女子大学成瀬記念館編『日本女子大学成瀬記念館所蔵　広岡浅子関係資料目録』２０１６年
・広岡浅子「これからの勝利者 愛を以て互に仕えよ」『婦人週報』第5巻2号、１９１９年
・広岡浅子「隣接支那に対する日本婦人の責任」『婦人週報』第5巻3号、１９１９年

・広岡浅子「人を恐れず天を仰いで　復刊『一週一信』新教出版社、2015年
・文部科学省「自立と共生社会」『高校生のライフプランニング』2018年
・文部科学省『令和5年度学校基本統計』2023年

第4章

・大阪企業家ミュージアム『大阪起業家名言集』大阪商工会議所、2023年
・片桐芳雄「胸突き八丁の成瀬仁蔵―帰国から日本女子大学創設まで」『人間研究』第55号、15－36頁、2019年
・大同生命保険HP「大同生命の源流―ヴォーリズ夫妻と浅子」2015年　https://kajimaya-asako.daido-life.co.jp/column/27.html（2024年1月12日アクセス）
・谷口真美「ダイバーシティ研究とその変遷：国際ビジネスとの接点」『国際ビジネス研究』1（2）、19－29頁、2009年
・日本女子大学成瀬記念館編『日本女子大学成瀬記念館所蔵　広岡浅子関連資料目録』2016年
・広岡浅子『超訳　広岡浅子自伝』KADOKAWA、2015年（a）
・広岡浅子『人を恐れず天を仰いで　復刊『一週一信』』新教出版社、2015年（b）
・山口陽一「天を仰いで人を恐れず：三井の女傑・広岡浅子の大志」『近代日本のクリスチャン経営者たち』いのちのことば社、38－41頁、2023年

コラム4

・ナポレオン・ヒル『思考は現実化する』きこ書房、1999年

第5章

・EF Keller, G Scharff-Goldhaber, "Reflections on gender and science", American Journal of Physics 55(3)pp.284-

286, 1985
・有賀美和子「性差の変遷と最近の動向」『東京女子大学紀要』１９３－２０４頁、１９９２年
・伊東秀章「セックスかジェンダーか?－概念、定義、用語をめぐる考察」『心理学評論』ｖｏｌ・38 Ｎｏ・３、４４１－４６１頁、１９９５年
・大同生命保険ＨＰ「大同生命の源流—加島屋と広岡浅子—広岡浅子の生涯」２０１５年 https://kajimaya-asako.daido-life.co.jp/asako/）（２０２４年1月12日アクセス）
・日本女子大学成瀬記念館編『日本女子大学成瀬記念館所蔵 広岡浅子関連資料目録』２０１６年
・牧野百恵『ジェンダー格差』中央公論新社、２０２３年
・三井宏隆「ジェンダーの心理学」『哲学』83、２８７－３１６頁、１９８６年

コラム５

・小前 亮『広岡浅子 明治日本を切り開いた女性実業家』星海社、２０１５年
・鈴木俊平『学の独立・早稲田大学創設者 大隈重信』講談社 火の鳥伝記文庫、１９９１年
・古川智映子監修『「九転十起」広岡浅子の生涯』潮出版社、２０１５年
・広岡浅子『超訳 広岡浅子自伝』ＫＡＤＯＫＡＷＡ、２０１５年
・早稲田大学『大隈重信演説談話集 早稲田大学編』岩波文庫、２０１６年
・村井章子訳『ミル自伝』みすず書房、２００８年

第６章

・大同生命保険ＨＰ「広岡浅子の生涯」（「大同生命の源流—加島屋と広岡浅子」） https://kajimaya-asako.daido-life.co.jp/asako/（２０２３年7月10日参照）

・大同生命保険ＨＰ「もっと知りたい広岡浅子」（「大同生命の源流―加島屋と広岡浅子」（3）（8）（22）他 https://kajimaya-asako.daido-life.co.jp/column/（２０２３年7月10日参照）
・グロービス経営大学院「エフェクチュエーション（ＭＢＡ用語集）」 https://mba.globis.ac.jp/about_mba/glossary/detail-20914.html（２０２２年8月10日参照）
・南場智子『不格好経営―チームＤｅＮＡの挑戦』日本経済新聞出版社、２０１３年
・大藤ヨシヲ「エフェクチュエーションとは？起業家注目の意思決定の理論、その5つの原則」『データの時間』 https://data.wingarc.com/what-is-effectuation-35499 ２０２１年11月15日（２０２２年8月10日参照）
・サラス・サラスバシー著、加護野忠男監訳 高瀬進・吉田満梨訳『エフェクチュエーション：市場創造の実効理論』碩学舎、２０１５年

第7章

・菊地秀一『広岡浅子 語録』宝島社、２０１５年
・小前 亮『広岡浅子 明治日本を切り開いた女性実業家』星海社、２０１５年
・佐瀬得三『名流の面影』春陽堂、１９００年、国会図書館デジタルコレクション info:ndljp/pid/778896
・大同生命保険ＨＰ「大同生命保険所蔵文書の研究・公表」 https://www.daido-life.co.jp/knowledge/research/（２０２３年12月18日アクセス）
・大同生命保険ＨＰ「大同生命の源流―加島屋と広岡浅子」 https://kajimaya-asako.daido-life.co.jp/（２０２３年12月18日アクセス）
・大同生命保険相互会社社史『大同生命70年史』１９７３年
・大同生命保険株式会社社史『大同生命１００年の挑戦と創造』２００３年

・谷本寛治『企業と社会』中央経済社、２０２０年
・長尾　剛『広岡浅子　気高き生涯』ＰＨＰ文庫、２０１５年
・日本女子大学成瀬記念館編『日本女子大学成瀬記念館所蔵 広岡浅子関係資料目録第2版』２０１６年
・原口　泉『維新経済のヒロイン広岡浅子の「九転十起」』海竜社、２０１５年
・広岡浅子『人を恐れず天を仰いで　復刊『一週一信』』新教出版社、２０１５年
・深見泰孝「廣岡浅子とその事業」『月刊資本市場』２０１６年3月（Ｎｏ．３６７）、68－77頁
・『歴史読本』編集部編『広岡浅子　新時代を拓いた夢と情熱』ＫＡＤＯＫＡＷＡ新人物文庫、２０１５年

第8章

・阿部慶喜・柳剛洋・金弘潤一郎『人財トランスフォーメーション　日本企業の未来を変える意識・制度・行動の変革』日経ＢＰ、２０２３年
・アンジェラ・ダックワークス、神崎朗子訳『やり抜く力―人生のあらゆる成功を決める「究極の能力」を身につける』ダイヤモンド社、２０１６年
・長田邦博『もし、アドラーが「しゅうかつ」をしたら』幻冬舎メディアコンサルティング、２０２１年
・経済産業省『持続的な企業価値向上と人的資本に関する研究会報告書～人材版伊藤レポート～』２０２０年
・厚生労働省『令和元年版　労働経済白書』日経印刷、２０１９年
・佐々木聡『日本の人的資本経営が危ない』日経ＢＰ、２０２３年
・鶴光太郎『性格スキル―人生を決める5つの能力』祥伝社、２０１８年

コラム7

・帚木蓬生『ネガティブ・ケイパビリティ　答えのない事態に耐える力』朝日新聞出版、２０１７年

・大塚祐一「インテグリティとはなにか」『日本経営倫理学会誌』26号、2019年
・小方信幸『実践人的資本経営』中央経済社、2023年
・小宮山陽子『IntegrityとIntegrationの歴史的変遷—現代における生と死の再考のために—』東京海洋大学、2018年
・貝原益軒『和俗童子訓』東洋文庫、1716年
・日本女子大学成瀬記念館『日本女子大学成瀬記念館所蔵 広岡浅子関連資料目録』2016年
・長谷川直哉『サステナビリティ・トランスフォーメーションと経営構造改革』文眞堂、2013年
・三井高治『商賣記』三井文庫、1722年
・三井文庫『史料が語る三井のあゆみ—越後屋から三井財閥』2015年
・村瀬次彦「日本企業に求められる共有価値創造の経営戦略—製薬企業の事例研究—」『日本経営倫理学会誌』29号、2022年

第9章

・菊地秀一『広岡浅子語録』宝島社、2015年
・小前　亮『広岡浅子　明治日本を切り開いた女性実業家』星海社、2015年
・笹谷秀光『競争優位を実現するSDGs経営』中央経済社、2023年
・日本女子大学成瀬記念館編『日本女子大学成瀬記念館所蔵　広岡浅子関係資料目録』2016年
・原口　泉『維新経済のヒロイン：広岡浅子の九転十起』海竜社、2015年
・広岡浅子『人を恐れず天を仰いで—復刊『一週一信』新教出版社、2015年
・SDGs実施指針改定版（平成28年12月22日SDGs推進本部決定、令和元年 12月20日一部改定、令和5年12

月19日一部改定） https://www.kantei.go.jp/jp/singi/sdgs/dai14/siryou1.pdf

第10章

・Melamed, Leo "Escape to the Futures" John Willy &Sons, 1996（可児滋訳『エスケープ・トゥ・フューチャーズ』ときわ総合サービス、１９９７年）
・江尻芳次郎翻刻『商家秘録』信文堂並木、１８８５年
・小川國治『転換期長州藩の研究』思文閣出版、１９９６年
・小関悠一郎『上杉鷹山と米沢』吉川弘文館、２０１６年
・酒井一輔「大名貸の展開」『豪商の金融史』慶應義塾大学出版会、２０２２年
・鈴木邦夫「広岡家美術品コレクションの崩壊と事業活動」吉良芳恵編著『成瀬仁蔵と日本女子大学校の時代』日本経済評論社、２０２１年
・高島正憲『経済成長の日本史』名古屋大学出版会、２０１７年
・高槻泰郎『大坂堂島米市場　江戸幕府ｖｓ市場経済』講談社、２０１８年
・高槻泰郎編著『豪商の金融史』慶應義塾大学出版会、２０２２年
・高橋秀夫「大坂商業資本と大名貸」『秋田地方史の研究』金沢文庫、１９７３年
・高柳眞三、石井良助『御触書寛保集成』岩波書店、１９３４年
・廣岡家研究会「廣岡家文書と大同生命文書」『三井文庫論叢』51号、２０１７年
・本庄栄治郎編『近世社会経済叢書第2巻』改造社、１９２６年
・三井高房「町人考見録」『日本経済大典第22巻』明治文献、１９６９年
・宮本又次『大阪町人』弘文堂、１９５７年

・宮本又次『大阪商人』講談社、２０１０年
・宮本又郎他『日本経営史（第３版）』有斐閣、２００７年
・吉岡源七『両替商沿革史』大阪国文社、１９０３年

第11章

・朝倉孝吉「戦前・戦後をつなぐかけはし」地方金融史研究会編　加藤幸三郎、進藤寛、西村はつ編集幹事『戦後地方銀行史〔Ⅰ〕成長の軌跡』東洋経済新報社、１９９４年
・石井寛治「両替商系銀行における破綻モデル」粕谷誠、伊藤正直、斎藤憲編『金融ビジネスモデルの変遷―明治から高度成長期まで―』２０１０年
・加藤俊彦『日本の銀行家　大銀行の性格とその指導者』中公新書、１９７０年
・小林延人「廣岡家の明治維新―時代の転換と豪商の危機対応」高槻泰郎編著『豪商の金融史』慶應義塾大学出版会、２０２２年
・鈴木正敏「外野生活六年で支社長に」『保険新書Ｎｏ・７ 外野ストーリー（一流外野の体験集）』保険研究所、１９５９年
・竹内芳夫「二保険　大同生命上野支店長」『職業適性―選択から決定まで―』ダイヤモンド社、１９６０年
・靍見誠良「金融危機と公的資金導入」伊藤正直、靍見誠良、浅井良夫編『金融危機と革新―歴史から現代へ―』日本経済評論社、２０００年
・内藤隆夫「第四銀行と藤田耕二」伊藤正直、佐藤政則、杉山和雄編『戦後日本の地域金融―バンカーたちの挑戦』日本経済評論社、２０１９年
・長井実編『自叙益田孝翁伝』中公文庫、１９８９年

・永島英三「銀行評判記　加島銀行の巻（上）（下）」銀行論叢6（1）（2）、１９２６年
・広岡浅子『人を恐れず天を仰いで：復刊『一週一信』』新教出版社、２０１５年
・三木助九郎「不遇に殉ずる人道主義」『日本経済新報』６（29）号）」、１９５３年
・由井常彦「日本における重役組織の変遷―明治大正期の研究―」明治大学経営研究所『経営論集』第24巻第３・４号、１９７７年
・結城武延「第４章銀行破綻と社員権・債権の整理―昭和金融恐慌における加島銀行の事例」『財産権の経済史』東京大学出版会、２０２０年
・日本銀行大阪支店「阪神地方金融界動揺顛末」『日本金融史資料昭和編』第25巻、１９２７年
・野村銀行『野村銀行二十年史』１９３８年
・三井銀行『三井銀行八十年史』１９５７年
・第一銀行『第一銀行史上巻、下巻』１９５８年
・第四銀行『第四銀行百年史』１９７４年
・大和銀行『大和銀行七十年史』１９８８年
・広岡家研究会『廣岡家文書と大同生命文書―大阪豪商・加島屋（廣岡家）の概要―』三井文庫、２０１７年

コラム８

・日本女子大学成瀬記念館編『日本女子大学成瀬記念館所蔵 広岡浅子関係資料目録』２０１６年
・原口　泉『維新経済のヒロイン 広岡浅子の「九転十起」』海竜社、２０１５年
・大同生命保険ＨＰ「大同生命の源流―加島屋と広岡浅子―広岡浅子の生涯」（https://kajimaya-asako.daido-life.co.jp/asako/）（２０２３年12月３日参照）

・大阪商工会議所「大商について」（https://www.osaka.cci.or.jp/）（２０２３年12月３日参照）
・大阪起業家ミュージアム「大阪起業家ミュージアムについて」（https://www.kigyoka.jp/）（２０２３年12月３日参照）

著者紹介

■編著者

平野　琢（ひらの　たく）　第２章、広岡浅子関連年表

九州大学経済学研究院 産業マネジメント専攻 准教授。東京工業大学イノベーションマネジメント研究科博士課程後期修了。博士（工学）。東京交通短期大学専任講師を経て、2018年より九州大学経済学研究に奉職、2023年より現職。一般社団法人経営倫理実践研究センターフェローを兼務。日本経営倫理学会理事。CSR、コンプライアンス、リスクマネジメントに関する講演多数。FM福岡「モーニングビジネススクール」に講師として出演。

【主要著書】『二宮尊徳に学ぶ「報徳」の経営』同友館（共著）、『石田梅岩に学ぶ「石門心学」の経営』同友館（共著）など

林　順一（はやし　じゅんいち）　第１章、あとがき

青山学院大学特別研究員。慶應義塾大学卒業、マンチェスター大学経営大学院修了、筑波大学大学院修士課程修了後、青山学院大学博士課程修了。MBA、修士（法学）、博士（経営管理）。㈱第一勧業銀行（現・㈱みずほ銀行）、㈱みずほフィナンシャルグループ、㈱みずほ証券、資産運用会社などを経て、現在、青山学院大学大学院非常勤講師、法政大学大学院兼任講師、光産業創成大学院大学客員教授。

【主要著書】『コーポレートガバナンスの歴史とサステナビリティ』文眞堂、『スチュワードシップとコーポレートガバナンス』東洋経済新報社（共著）、『ESGカオスを超えて』中央経済社（共著）など

古谷　由紀子（ふるや　ゆきこ）　第３章
サステナビリティ消費者会議代表、（一財）CSOネットワーク代表理事。中央大学大学院総合政策研究科博士課程終了。博士（総合政策）。消費から持続可能な社会をつくる市民ネットワーク（SSRC）共同代表幹事、企業の品質やデジタル等の諮問委員会等の社外委員のほか、消費者庁の消費者志向経営優良事例表彰選考委員、経産省等のデータやAIに関する委員も務める。
【主要著書】『ISO26000実践ガイド』中央経済社（共著）、『現代の消費者主権』芙蓉書房出版、『「責任あるビジネス」における実践と課題』JABES、『「人権リスク評価」にライツホルダー視点をどう組み込むか』JABES

荻野　博司（おぎの　ひろし）　第10章
多摩大学経営情報学部客員教授、NPO法人日本コーポレート・ガバナンス・ネットワーク顧問、（株）メディヴァ　アドバイザー。1975年一橋大学法学部卒業。朝日新聞社にて経済部員、ニューヨーク駐在、論説副主幹を歴任。東洋学園大学グローバルコミュニケーション学部教授、苫小牧埠頭（株）社外監査役を経て現職。
【主要著書】
『問われる経営者』中央経済社、『日米摩擦最前線』朝日新聞社、『コーポレート・ガバナンス－英国の企業改革』商事法務研究会（編著）など

■**執筆者**（掲載順）

潜道　文子（せんどう　あやこ）　巻頭言

拓殖大学商学部教授。早稲田大学商学研究科博士後期課程単位取得、博士（商学）。高崎経済大学教授を経て現職。経営経理研究所長、商学部長を経て現在、副学長。2019年～日本経営倫理学会会長。国家公務員倫理審査会委員、厚生労働省技術評価委員会委員長等歴任。2022年～（一財）日本民間公益活動連携機構コンプライアンス委員会委員。

【主要著書】『日本人とCSR：遊戯・フロー体験・ダイバーシティ』白桃書房、『文化・聚落・共有財：環境變遷下之永續發展』國立臺北大學人文學院出版（共著）

水尾　順一（みずお　じゅんいち）　プロローグ

（一社）日本コンプライアンス＆ガバナンス研究所代表理事／会長、駿河台大学名誉教授・博士（経営学）。ダイセル社外監査役、西武HD企業倫理委員兼務。資生堂を経て駿河台大学へ。経済経営学部教授、経済研究所長等を歴任後、現職に至る。

この間東京工業大学大学院特任教授、ロンドン大学客員研究員。

【主要著書】『セルフ・ガバナンスの経営倫理』千倉書房、『マーケティング倫理が企業を救う』生産性出版など

戎井　真理（えびすい　まり）　コラム1

（有）戎井会計コンサルティング代表取締役、米国公認会計士、公認不正検査士。味の素ゼネラルフーヅ、KPMGピート・マーウイックを経て現職。

（公財）企業メセナ協議会監事、ファミリービジネス学会監事、リコーリース（株）社外取締役、イオンディライト（株）社外監査役を兼任。

【主要論文】「ポスト・パンデミックの不正リスクと内部統制」『会計・監査ジャーナル』Vol.34-36に連載、第一法規など

吉良　芳恵（きら　よしえ）　コラム２

日本女子大学名誉教授。早稲田大学大学院文学研究科修士課程修了（修士）。専門は日本近現代史。

【主要編著】「徴兵制における「所在不明者」」上山和雄編『帝都と軍隊』日本経済評論社、『日本陸軍とアジア政策』岩波書店、『成瀬仁蔵と日本女子大学校の時代』日本経済評論社など

平塚　直（ひらつか　ただし）　コラム３

日本経営倫理学会会員（CSR研究部会・企業行動研究部会所属）、経営倫理士。日本ビクター（株）営業本部企画部次長、CS本部人事責任者、パナソニックエクセルスタッフ横浜支店顧問、（一社）経営倫理実践研究センター主幹を経て企業リスク研究所執行役員（現職）。

【主要著書】『三方よしに学ぶ 人に好かれる会社』サンライズ出版（共著）、『渋沢栄一に学ぶ「論語と算盤」の経営』同友館（共著）

葉山　彩蘭（はやま　さいらん）　第４章

淑徳大学経営学部教授、日本経営倫理学会副会長・国際交流委員長。日本航空、NHK国際放送局などを経て、横浜国立大学大学院社会科学研究科に入学し博士課程修了。博士（経営学）。法政大学グローバル教養学部兼任講師、中国・厦門大学管理学院国際訪問学者（Visiting Scholar, 2024年）。

【主要著書】『企業市民モデルの構築：新しい企業と社会の関係』白桃書房、『経営倫理入門：サステナビリティ経営を目ざして』文眞堂（共著）など

神田　尚子（かんだ　なおこ）　コラム４

株式会社タガヤ代表取締役、一般社団法人日本noharm協会代表理事。大阪成蹊短期大学観光学科卒業。1987年よりホテルにて10年間学び退職後株式会社タガヤへ営業本部長として転職、当時社員６名２億円の売上を2016年に年商30億円に引き上げた。2012年より代表取締役。

【主要著書】『最先端のSDGs noharmこそが中小企業の苦境を救う』サンクチュアリー出版

姜　理恵（かん　りえ）　第５章

光産業創成大学院大学尖端光産業経営分野准教授。青山学院大学国際マネジメント研究科博士課程修了。博士（経営管理）。資本市場と女性の研究所（CAPW）事務局長などを兼任。

【主要著書】『インベスター・リレーションズの現状と課題』同文舘出版、『激動の資本市場を駆け抜けた女たち：ダイバーシティ＆インクルージョンと価値創造』白桃書房（編著）など

北村　和敏（きたむら　かずとし）　コラム５

株式会社大塚製薬工場、経営倫理士、NPO法人ドラッカー学会理事。1983年中央大学理工学部工業化学科卒業、物性論ゼミ所属。大塚製薬株式会社で学術部長、医薬部長などを経て現在、大塚製薬工場コンプライアンス部に所属。

【主要著書】『二宮尊徳に学ぶ「報徳」の経営』』同友館（共著）、『石田梅岩に学ぶ「石門心学」の経営』同友館（共著）、『上杉鷹山とイノベーション経営』同友館（共著）など

高浦　康有（たかうら　やすなり）　第６章

東北大学大学院経済学研究科准教授。一橋大学大学院商学研究科修士課程修了、修士（商学）。名古屋商科大学専任講師、助教授などを経て現職。日本経営倫理学会常任理事、経営哲学学会理事などを兼任。

【主要著書】『企業倫理入門：理論とケースで学ぶ』白桃書房（共編著）など

河口　洋徳（かわぐち　ひろのり）　コラム６

特定非営利活動法人国際連合世界食糧計画WFP協会EV兼横浜支部副代表、日本経営倫理学会常任理事事務局長、中央大学政策文化総合研究所客員研究員、いしかわ観光特使、石川県人会常任理事事業委員長。中央大学法学部卒業、民間企業理事、経営倫理実践研究センター元専務理事。

【主要論文・著書】異文化コミュニケーション研究23号、日本経営倫理学会誌16、17、30、『上杉鷹山とイノベーション経営』同友館（共著）など

津久井　稲緒（つくい　いなお）　第７章

長崎県立大学経営学部経営学科准教授。横浜国立大学大学院国際社会科学研究科修了。博士（経営学）。民間企業、横浜国立大学成長戦略研究センター非常勤教員、神奈川県政策局シンクタンク神奈川特任研究員などを経て、現職。経営行動研究学会幹事。

【主要著書】『教育力のある大学へ』「経営理論を実践的に」海青社（編著）、『安全工学便覧（第４版）』「CSRにおける地域」コロナ社（編著）など

長田　邦博（おさだ　くにひろ）　第８章

グロナビ代表、国士舘大学経営学部非常勤講師、中小企業診断士、キャリアコンサルタント。武蔵野大学大学院人間研究科人間学修士課程修了。慶應義塾大学商学部卒業後（株）ニッスイに入社。定年退職後、組織人事戦略コンサルタントとして開業独立。

【主要著書】『もし、アドラーが「しゅうかつ」をしたら』幻冬舎メディアコンサルティング

村瀬　次彦（むらせ　つぎひこ）　コラム７

一般社団法人経営倫理実践研究センター常務理事。法政大学大学院政策創造研究科修士（政策学）。製薬業界（MSD、麒麟麦酒、協和キリン）を経て現職。東京交通短期大学「ビジネス倫理」非常勤講師、雪印メグミルク「企業倫理委員会」委員を兼任。日本経営倫理学会CSR研究部会幹事。

【主要著書】『実践人的資本経営』中央経済社（共著）、「日本企業に求められる共有価値創造の経営戦略－製薬企業の事例研究」『日本経営倫理学会誌』

笹谷　秀光（ささや　ひでみつ）　第９章

千葉商科大学客員教授。博士（政策研究）。東京大学法学部卒業。1977年農林省（現農林水産省）入省、2005年環境省大臣官房審議官、06年農林水産省大臣官房審議官、07年関東森林管理局長を経て08年退官。同年に伊藤園入社、取締役等を経て19年４月退職。20年千葉商科大学教授、2024年より現職。日本経営倫理学会理事、グローバルビジネス学会理事、サステナビリティ日本フォーラム理事。

【主要著書】『Ｑ＆Ａ SDGs経営・増補改訂最新版』日本経済新聞出版社、『競争優位を実現するSDGs経営』中央経済社など

長谷川　浩司（はせがわ　こうじ）　第11章

国際航業株式会社コンサルタント、日本能率協会主任講師。関西大学社会安全研究科博士課程修了。博士（学術）。専門はコーポレート・ガバナンス。大和銀行にて途上国支援・香港駐在、株式会社ランドコンピュータ取締役経営管理本部長、取締役関西支社長などを歴任。

【主要論文】博論『地域銀行のビジネスモデル改革を推進する社外取締役の役割の検討：現代の日本企業におけるコーポレート・ガバナンスの新課題』

小島　克己（こじま　かつみ）　コラム8

アボットジャパン（同）執行役員、京都府立医科大学客員教授、早稲田大学校友会支援講座ゲストスピーカー、米国医療機器・IVD工業会リーガル・コンプライアンス委員会委員長など。一橋大学大学院後期博士課程単位修得退学。元サノフィ株式会社執行役員、元立命館アジア太平洋大学非常勤講師。

【主要著書】『二宮尊徳に学ぶ「報徳」の経営』同友館（共著）、『石田梅岩に学ぶ「石門心学」の経営』同友館（共著）など

2024年7月20日　第1刷発行

広岡浅子に学ぶ「九転十起」の経営

編著者　平野　琢
林　順一
古谷由紀子
荻野　博司

発行者　脇坂　康弘

〒113-0033 東京都文京区本郷 2-29-1
発行所　株式会社 同友館
TEL. 03(3813)3966
FAX. 03(3818)2774
URL　https://www.doyukan.co.jp

落丁・乱丁本はお取替えいたします。　港北メディアサービス
ISBN　978-4-496-05719-9　Printed in Japan